JN217415

MBA

生産性をあげる 100の基本

グロービス＝著

嶋田毅＝執筆

東洋経済新報社

はじめに

　本書のテーマ、生産性の向上は、「どこに力を注ぐかを見きわめ、実行に移す」ことに鍵があります。MBA（経営大学院）では、これらをコンスタントにレベル高く実現する知識、素養をさまざまな角度から学びます。

　MBAにはさまざまな効用がありますが、その1つが、まさに**生産性の高い、稼ぐ（経済的価値を生む）、あるいは会社や社会に大きなインパクトを与えるビジネスパーソンになること**なのです。

　生産性向上が重視されているのは、昨今のビジネスにおける環境変化の激しさと切り離せません。

　生産性の高い人は、若いうちから引っ張りだこで高い収入を得られるのに対して、そうでない人は厳しい状況にならざるを得ないのです。

　MBAのエッセンスを学ぶことは自身を成長させることでもあり、自分を変えることでもあります。**成長／変化することを楽しめるようになったら、学びはますます加速し、生産性も相乗的かつ加速度的にあがるでしょう。**

　本書は、土台スキル、実行スキル、成長スキルの3部構成で、仕事のタスク別に生産性をあげるスキルを紹介しています。ぜひご自身が強化したいタスクや課題、興味に応じてお読みください。

紹介するフレーズは、一見シンプルに見えて、その奥に深い世界があり、状況や成長度合いによって、違った受け取り方ができることも、楽しんでいただけたらと思います。

　タイトルにある「基本（的）」という言葉は、英語では"Essential"と訳されることがあります。興味深いのは、この言葉には「基本的な」という意味の他に、「本質的な」「不可欠な」「必須の」といった意味もあることです。

　大企業の経営者から若手まで、これまで多くのビジネスパーソンを見てきましたが、どの階層でも共通して、**基本的な事柄を身につけ、実行している人間が、高いパフォーマンスをあげている**ことを痛感しています。

　また、この本を起点にさらに学びを深めていただけるように、巻末には参考図書リストを付けています。

　本シリーズの第1弾である『MBA100の基本』とともに、本書が、皆さんのスキルを磨くお手伝い、そしてキャリアの充実、ひいては日本の発展のお役に立てたならこれに勝る喜びはありません。

グロービス経営大学院教授

嶋田 毅

本書の構成

本書は 10 の Chapter を設け、100 の基本を紹介していきます。

▌図00 生産性をあげるスキルの全体像と位置関係

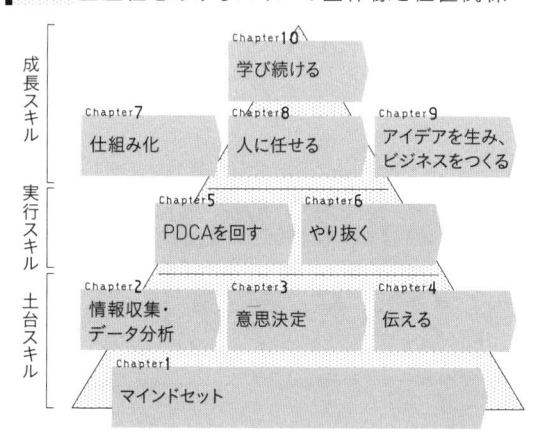

図は、ビジネスパーソンが行うタスクを切り分けたものです。上のレイヤーに行くほど、視座（物事を見る視点）をあげる必要性が高くなり、巻き込むべき人間も増えます。

一番上に位置する Chapter10「学び続ける」は、自分を成長させる原動力となる部分であり、他のレイヤーとは意味合いが異なります。

Contents

Part1

土台スキル

Chapter1 ・マインドセット

論理思考、経営戦略

情報収集・
データ分析

論理思考、問題解決、ビジネス定量分析

Basic

Part2

実行スキル

Chapter5

PDCAを回す

マネジメント、戦略の計画と実行、論理思考

Basic

Chapter6

やり抜く

リーダーシップ、戦略の計画と実行、アントレプレナーシップ

Basic

Chapter9

アイデアを生み、ビジネスをつくる

ベンチャー戦略、クリエイティブ・シンキング、マーケティング

Basic

Chapter10

学び続ける

キャリアマネジメント、リーダーシップ

Basic

土台スキル

あらゆる事柄には土台となる基礎力がある。
基本のマインドセットを意識し、
論理思考に裏づけられた
合理性と健全な批判的思考を身につけよう

マインドセット

論理思考、
経営戦略

ベースとなる
心構えを身につける

　本書では生産性をあげるスキル、フレームワークを解説していきますが、この Chapter1 では、その土台となるスキルやマインドセット（基本精神、心構え）に関連する基本について解説していきます。

　多くは、MBA の科目でいえば論理思考や戦略的思考に属するものです。

　これらは MBA でも学ぶものですが、それ以上に、MBA 取得者が多く働くコンサルティングファームにおいて体系化されてきたという側面があります。

　コンサルティングファームは、若いうちから高い生産性をあげることが求められ、そのコツを短期間でつかんだ人間だけがサバイブできる職場です。長年にわたって活躍するためにはそれだけでは足りませんが、この部分が不十分だと、すぐに行きづまってしまいます。

　このようにいうとハードルが高い、と思われる方もいらっしゃるかもしれませんが、決してそんなことはありません。

　短期間ですべてを習得することは容易ではありませんが、徹底的に意識し実践すれば、ある程度は身につき、それを意識していない場合とでは雲泥の差がつくものです。

　何事もそうですが、**どれだけ表層のスキルを学んだところ**で、**その基本精神が身についていなければ効果も半減**です。パソコンにたとえれば、CPU（中央演算装置）が脆弱ならば、優秀なOS（オペレーティングシステム）やアプリケーションがあっても効果的に使いこなせないのと同様です。

　そんなことも意識しながら本Chapterを読み進めてください。

Basic

001 目的次第で
出すべき結果や手順も変わる

すべては
目的から
スタートする

解説

　仕事をする上で避けたい落とし穴は、目的を意識しないまま作業を始めることです。

　関心の赴くまま作業を進め、アウトプットはたくさん出たのに、ビジネスに寄与しないものばかりになってしまう——これは筆者も若い頃にはまった落とし穴です。これは段取りの悪さにも通じます。

　特に仕事の経験が浅いうちは、上司（もしくはクライアント）の命ずるままにやり、なぜそれが必要なのかまで頭が回りにくいでしょう。

　上司の指示は、それをこなすことが目的化しがちですが、**情報収集や分析、あるいは会議や交渉といった仕事は、最終目的ではなく、やはり手段です。**

　これらの仕事を振られたら、その目的や意図、あるいは指

示の背景を確認することがまずは大切です。

　たとえば、市場調査を命じられたら、単なる定期資料づくりの一環として必要なのか、具体的な商品開発につながるか検討するために必要なのかで、集めるべき情報の量や質も、使う時間やエネルギーも変わってきます。

　ひょっとしたら、自分がそれをする必要はなく、誰かに頼めば十分ということもあるでしょう。

　逆に、自分が（組織外の人間も含め）誰かに指示を出す側に立った時は、その目的を正しく伝えることが、相手の時間の浪費を減らし、質の高いアウトプットにもつながるのです。

ワンモア・アドバイス

　目的を意識することが大切な一方で、100％すべてにおいて一定の目的にかなっている仕事をすることが必要というわけでもありません。

　たとえば情報収集についていえば、さまざまな情報に常日頃からアンテナを張っているからこそ、正しくイシュー（主要な論点、真に考えるべきこと）を設定できるという側面も大きいのです。

　あるいは社外の人脈づくりも、すぐには役に立たなくても、長い目で見た時に役に立ってくることは多々あります。

　その適度なバランスは職種や年齢にもよって変わってくるので一般化は難しいですが、仕事は、ある程度は長期的なリターンを見据えた遊び的な部分と、目的を意識してそこに焦点を絞って進める、その両輪が大事なのです。

キーワード
手段の目的化、イシュー

Basic

002 一段高い視座から客観視する

常にメタレベルで考えよ

解説

　生産性をあげる上で「考える」という行為が重要な意味を持つことに、異論はないでしょう（もちろん行動が伴うという大前提がありますが）。

　特にホワイトカラーの方であれば、実際に考えるという行為にかなりの時間を割いているはずです。しかし、一見考えているようで、「物事を考えるレイヤー」が低くなっていると、なかなか生産性はあがりません。

　たとえば「交渉」を例に取ると、不利な条件で妥結することにならないよう、交渉中に、「今の相手の声のトーンは何を意味するのか？」「何か他に交渉を有利に導く材料はないか？」などと考えることもあるでしょう。

　しかし、交渉が始まってからこうしたことを考えるのでは実は遅すぎます。ここで効果的なのが、メタレベルで考える

という行為（メタ思考）を織り交ぜることです。

「メタ」とは「○○を越えた」という意味を持つ言葉であり、一段高い視点から物事を客観視することを意味します。

実践的にはメタ思考には大きく2つの要素があります。

1つは、一連のプロセスをあらかじめ俯瞰することです。物事を平面的に捉えるのではなく、構造化して考えるということにもつながります。

交渉の例であれば、まずは目的を押さえたうえで、相手や自分の立場や関心、想定される争点や要望、現実的な妥結点のイメージといった「交渉の構造」を押さえます。その上で、どのように交渉を進めるのかを考えるのです。

上位概念を先に考えることにより、下位概念をより効果的に処理できるようになるという点が鍵です。

もう1つは、自分を客観視することです。もう1人の自分が、現実に考えたり行動している自分を見て、

「この発言は思慮が足りなかった。相手に言質を取られた」

「今すべき議論をしていない。時間を浪費している」

などと判断するのです。

これらは、いま時点の自分が、会社や社会に対して本当に価値を提供しているかを振り返ったり、よりよい方法論を考えたりする意味でも非常に大きな効果をもたらします。

キーワード
メタ思考、構造化、争点

Basic

003
まずはあるべきプロセスを
逆算思考で考える

最初に
仕事の段取りを
描け

解説

　生産性のあがらない人がやってしまいがちなのが、目につ
いたところから仕事に取りかかるということです。

　あなたが新設された理工系大学向けに機器の販売を行う営
業担当者だとしましょう。入り口に営業車を停め、近い建物
から研究室のドアを叩く、というやり方をしていても、営業
成績はあがらないはずです。このケースであれば、

1）研究室の研究テーマをウェブなどで確認する

2）研究室をピックアップし、ラフに優先順位付けする

3）効率よく訪問できるようにアポイントメントを取る

4）訪問し、購買の当たりをつける

5）重点的に営業をかける研究室に時間を集中投下する

　という具合に、段取りを最初に考えることで、効率よく期
待成果が得られるようになります。目標達成に必要な工数や

■図01 重要度×緊急度マトリクス

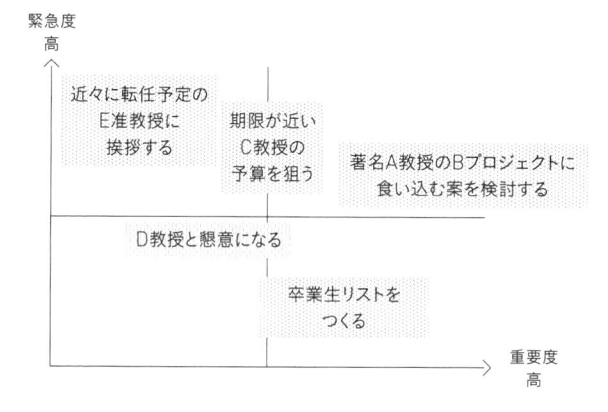

時間を見積もったり、上司や同僚、関係者とよりよい手順を検討したりできるのも非常に大きなメリットです。必要に応じて「重要度×緊急度マトリクス」を活用するのも効果的です（図1）。

ワンモア・アドバイス

　問題解決全般に共通する段取り（プロセス）として、「What（何が問題か）-Where（どこに問題のポイントがあるか）-Why（なぜその問題が生じたのか）-How（いかにしてその問題を解決するか）」という問題解決のプロセスがあります。

　ビジネスは、見方を変えれば常に問題解決の連続ともいえます。このプロセスはぜひ覚えておきましょう。

キーワード
重要度×緊急度マトリクス、逆算思考、問題解決プロセス

Basic

004 その仕事、本当に必要ですか?

仕事は無条件で引き受けるな

解説

　皆さんの1日を振り返ってみてください。最終的に顧客に価値を提供し、キャッシュを稼ぐ上で本当に必要な業務はどのくらいあったでしょうか。多くの人は、本来やらなくてもよかった仕事にも多くの時間を割いているはずです。

　必要がない仕事をしてしまう典型的パターンは、

・何をやめていいかわからない
・過去の職場のやり方にこだわってしまう
・指示されたことをそのまま引き受ける
　などです。

　これらを避けるにはまず、「これって本当に価値提供に結びついているの?」「このやり方ってなぜずっとこうなの?」と問いかけ、ゼロベース思考で前提や習慣を疑うことが有効

Chapter
1

マインドセット

情報収集・データ分析

意思決定

伝える

PDCA

です。

　ただし、これまでの習慣を急に改めようとすると、相手からは「何を勝手に」と見えることがあります。ただ反発していると思われないよう、彼らの感情やメンツにも配慮しながら、自分なりの主張や仮説を正しく伝えることが大事です。

「どのくらいやればいいですか？」といった**オープンクエスチョンで聞くと、相手の要求はエスカレートし、本来必要のない仕事がどんどん膨張する可能性が増す**からです。

　相手があまり話の通じないタイプの時には、「この範囲でいいですね」と条件を明確にしてから仕事を引き受けると効果的です。

　また、ある程度交渉できる相手であれば、「この部分は、他の人に手伝ってもらっていいですか？」「この仕事はやるので、（必要性が低い）こちらの仕事を減らしてもらっていいですか？」など、相手が飲みうる条件を引き出し、価値につながる仕事により多くの時間を使うことも検討するとよいでしょう。

キーワード
価値提供、オープンクエスチョン

Basic

005 毎回ゼロから考えるのでは遅い

巨人の肩に
乗れ

解説

　筆者はサイエンティストを志していた大学院生の頃、ある教官（アメリカ生活の長い、非常に合理的な方）から「怠け者になれ」といわれたことがあります。

　これは「サボれ」「手を抜け」という意味ではありません。よい意味で楽をし、新しいことにチャレンジできるように仕事の改善を常に考えよというのがその趣旨です。

　中でも特に強調されたのが、他人のノウハウや知識、あるいは成果物を積極的に活用する、すでに誰かが知っているものであれば、それを教えてもらってどんどん利用すればいいということです。

　科学の世界には「巨人の肩に乗る」という表現があります。これは、万有引力の法則で有名なニュートンが最初に用いたフレーズです。

　誰かの業績や知見（失敗からの学びも含む）の上にうまく乗ることで、**自分はより遠くにある真理に効率的に近づくことができる**といった意味合いです。

　これは、戦略論でいうシナジー（相乗効果）に通じる発想です。

　なお、他者が生み出した成果物やノウハウの多重活用は、社内であっても時として自由に使い回せるわけでない場合もあるので、無駄な摩擦は残さない気配りは必要です。

　また、人のつくったものを編集・切り貼りするだけでは大きな価値は出ません。巨人の肩に乗りつつ、スピーディに仕事をこなした結果生じた時間を自分ならではの独自性を付加するために使うことが大切です。

　なるべく高い地点からスタートできるように意識するとともに、周りにも自分の成果物やノウハウを共有するのが望ましいのです。

キーワード
シナジー

Basic

006 成功事例からの学びを最大限活かす

よい結果が出たときこそ
「なぜ？」を
繰り返し問え

解説

　トヨタ流問題解決の「『なぜ』を５回繰り返せ」という言葉を聞いたことのある方も多いかもしれません。

　これは何か問題が起きたときに、その本質的な原因を探るために、「なぜそうなったのか？」と問い、その結論に対して再度「なぜそうなったのか？」と問うことを５回繰り返すというものです。

　一方、生産性を高める上でより効果的なのは、よい結果が生まれたときに、その結果をもたらした要因を探るために「なぜうまくいったのか？」と繰り返し問うことです。

　そこで得られた仮説や結論を次の行動にコンスタントに取り入れ、普遍性が高いものであれば、職場でその知見やノウハウを共有（横展開）することで、職場全体の生産性向上を図ることも可能となります。

Chapter
1

マインドセット

情報収集・データ分析

意思決定

伝える

PDCA

　たとえば営業担当者が非常に大きな商談をまとめることに成功したとします。そうした時に「なぜうまくいったのか？」を繰り返し自問してみるのです。

「なぜこのような大きな商談をまとめることができたのか？」
→「相手のニーズを正しく捉えることができたから」
→「なぜ相手のニーズを正しく捉えることができたのか？」
→「顧客のキーパーソンと早い段階で懇意になることができ、いろいろな情報を聞くことができたから」
→「なぜ顧客のキーパーソンと早い段階で懇意になれたのか？」
→「友人の友人だったから」

　ここからは、友人ルートを活用し、筋のいい見込み顧客から集中的に攻める、あるいは過去の顧客などからの紹介を積極的に活用して営業すれば効率があがるのではないかという仮説が導けるでしょう。それを仮説検証しながら再現性のある方法論として固めていくと、非常に大きなパワーになります。
「なぜ？」を問う際には、本当に効いた要因が何なのかを丁寧に検討することが大切なのはいうまでもありません。上記の例も、実は本質的な成功理由は別のところにあったかもしれないからです。
　思い込みではなく、メタな視点に立って本質的な原因を見極めることが大切です。

キーワード
トヨタ流問題解決、横展開、再現性

情報収集・データ分析

論理思考、
問題解決、
ビジネス定量分析

本質をえぐり出し、
決断・説得の材料を得る

　本 Chapter では、情報収集・データ分析で押さえておきたい基本を解説します。MBA の科目に紐づけると、論理思考や問題解決、ビジネス定量分析の分野に属するスキルですが、Chapter1 同様、アカデミックというよりコンサルティングファームなどでの実務を通して洗練されていったものといえるでしょう。

　情報収集については、若手社員や管理職を問わず、ビジネスの基本動作の中の第一歩といえるでしょう。情報がないところでは正しい決め事もできませんし、新しいアイデアを考えることも難しいからです。

　特に昨今は情報洪水の時代です。一説には、この 10 年間で、流通する情報の量はバイト（コンピュータの情報量の単位）ベースで 100 倍以上になったともいわれています。

　こうした時代において、ビジネスの役に立つ情報を手際よく収集することは、生産性の高いビジネスパーソンのための必須条件となっているのです。

　また、生データだけで効果的に何かを決めることは通常は難しいですから、分析も非常に大事です。

　たとえば数値データであれば、何かしらの定量分析、つまり加工・計算や比較を行うことでその「意味合い（示唆）」を考えなければ、効果的かつ説得力のある提言につながりま

せん。

　定性情報はさらに分析が難しくなります。表層に現れてく
る定性情報の底に横たわる人間心理を想像し、本質的なポイ
ントを洞察することが必要になってくるからです。

　常に仕事をいい方向に進めるという原点を意識しつつ、分
析を通じて物事の本質を捉えたり、効果的なアクションや他
人を動かすことにつながる示唆を読み取ることが求められる
のです。

Basic

007

「ゆるい仮説」「エッジのない仮説」では
効果半減

「踏み込んだ仮説」こそ
仮説思考の鍵

解説

　知的生産活動（単純作業を除く）において大事なのは、仮説を持つことです。

　手持ちのデータや情報に自分の立場を加味し、「この情報から何がいえるか？」を踏み込んで考えることが重要です。

　特に、単なる状況の記述にとどまるのではなく、極力「○○をすることがいいだろう」という行動の仮説を持つことが推奨されます。行動こそがビジネスで結果を出すことにつながるからです。

「この問題のポイントは○○にあるはずだ」

「これをすると顧客はこのように反応するだろう」

　こうした仮の答えを立て、それをスピーディに検証し、物事を進める仮説思考は、コンサルティングファームなどでは最も重要な思考法、仕事術として鍛えられるものの1つです。

Chapter
2
⌄

マインドセット

情報収集・データ分析

意思決定

伝える

PDCA

　一方で、多くのビジネスパーソンを長年観察してきて感じるのは、仮説がゆるく、仕事の進め方が甘いということです。

　たとえば、「X県は自社の未出店県で、ビジネスチャンスがありそうだ」といった仮説ではスピード感が出ません。一歩踏み込んで、「X県の県庁所在地のX市は人口密集が進んでいることから、まずはそのメイン路線に出店すべき」といった仮説を立てる方が効果的なことが多いのです。

　すでにある情報や一般常識から、大胆かつ一歩踏み込んだ「エッジの立った」仮説を立てられない最大の原因は、「仮説が間違っていたらかえって手間がかかる」という恐れです。実際、コンサルタントでも、新米のうちは仮説も緩く踏み込みも弱いものです。

　しかし、経験を通してどんどんクリアで行動の結論に近い仮説が立てられるようになっていきます。また、ゆるい仮説、踏み込みの甘い仮説が生産性を損ねることを実体験として学んでいきます。

　何も知識がないところではクリアな仮説は立てられませんから、ベースとなる一般常識や業界常識、経営学の知見も蓄積しておくことが重要です。

　その上で、仮説を立て、それをスピーディに検証し、必要に応じて修正する勇気を持つことが、よりよい仕事につながっていきます。

キーワード
仮説、仮説思考

Basic

008 フレームワークは適時適所で
適切なものを使ってこそ意味がある

フレームワークは
両刃の剣

解説

　ビジネスフレームワーク（枠組み）は、MBAで学ぶ学生が最も重宝し、役に立つと感じる知識の1つです。

　たとえば、ある事業の置かれた状況を理解し、方向性を探るには3C（市場・競合・自社）のフレームワークによる情報収集、分析が非常に有効です。手当たり次第に情報収集したり分析するのに比べると、はるかに効率よく仕事を進めたり思考を深めることができます。

　フレームワークは、最終的な結論の根拠の柱（「私はこう思う。なぜなら〜」という論理を支える柱）にも活用できます。

　MBAでは300を超えるフレームワークを学んでいきます。これらはMBAで学ぶ知識として非常に重要であり、コンサルティングファームなどでも、フレームワークで物事を捉えるフレームワーク思考の価値は強調されます。

　一方で、そのデメリットも理解しておく必要があります。

　1つは、有効とは限らない場面で使いたくなるということです。

「この場面なら、このフレームワークが有効」ということをマスターするのは容易ではありませんが、そのフレームワークの源流をたどって提唱者の意図を知ることは、地味ですが効果があります。また、優秀な先輩が使っているのを参考にするのもいいでしょう。

　デメリットの2つ目は、既存の枠組みにとらわれすぎることです。たとえば4P（製品、価格、チャネル（流通）、プロモーション）は、マーケティングにおける顧客アプローチに関する超定番フレームワークですが、目の前の顧客を口説く際には必ずしも最適ではありません。

　このケースであれば、「相手の関心」「自社商品の特徴」「他社製品との差異」というフレームワークで物事を考える方が有効かもしれません。

　状況に合わせて効果的なフレームワークを考え、用いることができるか否かは、「生産性の高いビジネスパーソン」となれるかどうかの分水嶺でもあるのです。

キーワード
フレームワーク思考、3C、4P

Basic

009 予測は外れるものという意識を持つ

事実、
意見、
予測

解説

　ビジネスの世界では「ファクトベース」ということがいわれます。何かを決める際の根拠は、可能な限り、動かしがたい事実（ファクト）、あるいは事実から導かれた分析結果をもとにすることが望ましいということです。

　これは「べき論」としては納得できる一方で、毎回ファクトベースで結論を出すのは難しいものです。

　そこで次善の策として用いられるのが、ファクトに加え、誰かの意見（推定や推測も含む）を取り入れる、あるいは将来予測を用いるというものです。

　誰かの意見を取り入れる場合は、極力ライトパーソン（その案件に関して適切な人）の意見を用いることが原則です。

　また、「事実と意見を峻別せよ」という言葉がありますが、その発言が事実をいったものなのか、あるいは個人的な感想

や肌感覚からの推定なのかはしっかり峻別し、情報整理の際にも混乱しないようにしておきましょう。

シンクタンクが発表する将来予測を根拠とすることもあるでしょう。しかし、**将来の予測はどれだけもっともらしくても、予測であり、事実ではありません。**「未来の事実は存在しない」の言葉通りです。それでも将来予測という一種の仮説を根拠に物事を考えるのは、やはり次善の策なのです。

どのような業界の重鎮や有名シンクタンクの予測であっても、外れる可能性があるということを認識しておきましょう（図2）。

では、ビジネスパーソンはこうした予測情報とどう付き合えばいいでしょうか。

1つはやはり複数の予測を知っておくことです。1つの予測だけを正しいと決め打ちするのはリスクが高くなります。

図02 すぐに外れてしまった識者の予測

「空気より重いものが空を飛ぶなんてありえない」 ケルビン卿（物理学者、英国王立協会会長）、1895年	ライト兄弟の初飛行は1903年
「一般人が家庭でコンピュータを持つ理由なんてない」 ケン・オルセン（DEC社長）、1977年	同年、Apple Ⅱ発売
「彼らの音楽はイケていない。ギターバンドなんてもう流行らないよ」 ビートルズをオーディションで落としたデッカ・レコードの重役、1962年	翌年、ビートルズは"Please please me"でヒットチャートトップを獲得。史上最も有名なミュージシャンとなっていく

出所：Paul J.H. Schoemaker "Scenario Planning: A Tool for Strategic Thinking," *MIT Sloan Management Review*, Winter 1995をもとにグロービス加筆

バランスよく情報収集し、自分の頭でその確からしさを考えることが、外れの確率を下げ、また別のシナリオが現実化したときの柔軟な対応につながります。

　もう1つは、それぞれの予測について、誰がどのような前提や文脈で出した予測なのかを理解することです。

　たとえば、厚生労働省が出す年金関連の予測などは、甘めの前提に基づきがちです。そうした背景に想像を巡らせることも、質の高い情報とする上で大事な営みです。

ワンモア・アドバイス

　1990年代以降、IT時代になってから、これまで以上に未来予測は難しくなってきました。その大きな原因は、ムーアの法則（集積回路上のトランジスタ数が1.5年で2倍になるという経験則）による半導体性能の劇的向上と、経済の情報化（経済の主体がモノから情報に移行すること）に伴うビジネスの指数関数的（Exponentially）な変化・成長です。

　指数関数的変化とは、1→3→5→7→9→11…という直線的な変化ではなく、1→3→9→27→81→243…といった「超雪だるま式」の変化を指します。

　ちなみに、前者では15番目の数字は29、30番目は59にすぎませんが、後者では15番目は4,782,969、そして30番目は68,630,377,364,833というとんでもない数字になります（最後の数字は10兆のケタの数です）。

　人間はどうしても過去をベースに直線的な変化を予想しますが、近年ではこの指数関数的な変化が多くの分野で見られています。

　こうした時代にあっては、過去の専門家が必ずしも適切な意見を出せるとは限りません。事実、この数十年間、携帯電

Chapter
2
マインドセット

情報収集・データ分析

意思決定

伝える

PDCA

▍図03 急激なコスト下落

	一定の性能にかかるコスト	性能の向上
3Dプリンティング	4万ドル(2007年)から 100ドル(2014年)へ	7年間で 400倍
産業用ロボット	50万ドル(2008年)から 2万2000ドル(2013年)へ	5年間で 23倍
ドローン	10万ドル(2007年)から 700ドル(2013年)へ	6年間で 142倍
太陽光発電	1キロワット時あたり30ドル(1984年)から 0.16ドル(2014年)へ	20年間で 200倍
センサー (3Dライダーセンサー)	2万ドル(2009年)から 79ドル(2014年)へ	5年間で 250倍
バイオテクノロジー (人間ひとりのDNA解析)	1000万ドル(2007年)から 1000ドル(2014年)へ	7年間で 1万倍

出所:サリム・イスマイル他『シンギュラリティ大学が教える　飛躍する方法』
日経BP社、2015年よりグロービス抜粋

話の普及予測台数を専門家が外し続けたという報告もあります。実際の普及台数は、常に専門家の予測を大きく上回ったのです。

　世の中のすべてのビジネスでこうした変化が起きているわけではありませんが、間違いなくこの動きは広がっており、その範囲を広げています。

　こうした中、どの予測がより適切なのかを、さまざまな情報源を当たりながら検討することがますます重要になってきています。

キーワード
ファクトベース、ムーアの法則、情報化、指数関数的成長

Basic

010 他人が加工・編集したデータの歪みに
意識を向ける

一次情報に
当たれ

解説

　近年はグーグルのサーチエンジンに代表される検索技術の
進化もあり、居ながらにしてさまざまな情報が手に入るよう
になりました。一方で落とし穴も大きくしてしまいました。
それは、他人が加工・編集した情報をそのまま鵜呑みにし、
不適切な判断をしてしまうことです。

　あるサービス業で、社内に過去の顧客満足度（5点満点）
のデータがありました。直近でも平均で4.5と高い数字が出
ていたのですが、それでは最近の顧客離れがなかなか説明で
きません。有力なライバルや代替品がないにもかかわらずです。

　そこで元データを調べてみると、このアンケートは回収率
が20％と非常に低く、「満足した顧客は回答に応じたものの、
不満足な顧客はそもそも回答すらしなかった」ということが
判明したのです。

Chapter
2
マインドセット
情報収集・データ分析
意思決定
伝える
P D C A

　グロービスのビジネス定量分析のクラスでは、「**数字やグラフには、必ず作成者の意図が入るから、誰が、どのような目的で、どのような前提のもとにつくったのかを意識する**」と注意喚起しています。

　数字やグラフは「数字だから客観的で正しいのだろう」との錯覚の下、無批判に採用されがちだからこその注意点です。

　その他に気をつけたいのは、「情報そのものの選択」や「切り取られた発言」でしょう。これはメディア・リテラシー、つまりメディアからのメッセージを主体的・批判的に読み解く能力とも関連してきます。

　一般に信用性が高いと思われている新聞ですら、各紙に「スタンス」や「アングル」というものがあります。ビジネスパーソンであれば、主要5紙の政治的、経済的立ち位置程度は理解しておくといいでしょう。

　個人ブログなどになるともっと極端になります。メディアや人間は、自分の主張に都合のいい情報のみを都合よく加工・編集するものだと思っておく方が無難です。

　だからこそ違和感を抱いた時には一次情報（元データ）に当たり、どういう文脈でどのように生じた情報なのかを確認することが大事です。

キーワード
メディア・リテラシー、批判的思考

Basic

011

有用な情報を効率的に得るには、
人のつながりに意識を向けると効果的

ライトパーソンは
ライトパーソンを知る

解説

ここでいうライトパーソンとは、適切な情報を持っている
人のことを指します。

たとえば何か新しい情報システムを導入したいという時に、
売り手の営業担当者の言葉だけを鵜呑みにするのは危険です。
やはり客観的な第三者、しかもその分野に詳しい人の意見も
参考にすると、よりよい意思決定につながります。

ライトパーソンはその分野の情報収集に非常に貪欲です。
それゆえ、彼／彼女は他の有用な情報を持っている人間とつ
ながっている可能性が高いものです。

そうしたつながりをたどり、かつ彼らの関係性も意識しな
がら情報収集すると、複眼的、立体的に物事を捉え、実態に
迫れる可能性が高まります。その効果はビジネスパーソンに
とって非常に大きなものがあります。

Chapter
2
⌄

マインドセット

情報収集・データ分析

意思決定

伝える

PDCA

　こうしてできた人脈を、情報のギブ&テイクなどを行い Win-Win の関係を構築することで育てられれば、非常に大きな武器になります。いつの時代も良質の情報とそのソースは大きな価値を持つものなのです。

　若い人は、「そうしたネットワークができるのは、経営者などの偉い方だけ」と思い込みがちですが、熱心で情報を持つ人間には誰もが一目置くものです。むしろ、皆にそうした思い込みがあることがチャンスともいえるのです。

ワンモア・アドバイス

　ヒアリングを行う際には、質問力を高めておく必要があります。これはその場での対応だけではなく、事前準備なども含んだより広義の概念です。事前準備は、
・仮説を立て、聞くことを構造化し、リスト化しておく
・時間切れにならないようにタイムラインを意識しておく
・相手や、業界分析であれば業界のことは最低限調べておく
　などを意識するといいでしょう。

キーワード
Win-Win、質問力

012

実態に紐づいた
基本的な指標を注意深く見続ける

重要指標の
定点観測に
勝る情報なし

解説

　重要指標、KPI（Key Performance Indicators：重要業績
評価指標）とは、ビジネス上重要な数値のことです。

　ただし、売上高や利益のような財務数字は最終結果ですか
ら、ある意味で偏った情報です。

　それにつながるような先行的な指標、たとえば顧客満足度
や市場シェア、新製品開発数、生産現場における不良品率や
クレーム件数など、仕事の特性や必要性に応じて設定します。

　それを注意深く観測（モニタリング）することにより、

・問題の早期発見や解決、トラブル防止に役立つ

・PDCA（Plan-Do-Check-Action）を適切に回せる

・モチベーションを向上させる

　などの効果が期待できます。

　重要指標はまた、関連づけながら設定すると効果的なアク

Chapter
2

マインドセット

情報収集・データ分析

意思決定

伝える

PDCA

図04 重要指標の設定：プロセス型

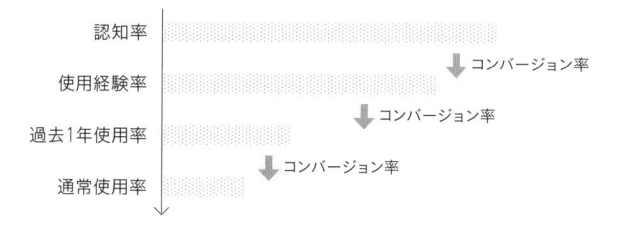

ションにつなげやすくなります。代表的なものの１つ目は「足し算・掛け算型」です。たとえば売上高という指標は重要ではありますが、そのままでは塊として大きすぎて、扱いやすいとはいえません。「効果的にアクションを取るためには、扱いやすい小さな塊に分けよ」という言い方もあります。そこで売上高をたとえば、売上高＝（ユニークユーザー数 × 平均来訪回数）× 客単価のように要素にブレークダウン（分解）し、それぞれの動きを観察しておき、効果的なアクションにつなげるのです。

もう１つは「プロセス型」です（図４）。

実数もさることながら、次のプロセスへのコンバージョン率（転換率）が大事です。

たとえば、「過去１年使用率→通常使用率」へのコンバージョン率が下がっていたら、競合商品に何かしらの点で負けているなどの問題が生じていると推定できるわけです。

大事なのは、何かが起こってから情報を集めるのではなく、日常から定点観測することで、役に立つ情報とすることです。

キーワード
KPI、コンバージョン率

Basic

013

価値のある「意味合い」を引き出すことが
ビジネスパーソンの価値を上げる

単なる整理と分析は
似て非なるものである

解説

　ビジネスパーソンの初歩的な分析の落とし穴は、情報収集
と情報整理の段階で分析が終わったと思ってしまうことです。

■図05 だから何？

顧客のKBF*	自社の状況	ライバルの状況
第一にコストパフォーマンスを重視しているが、差がつけにくい	仕事がきついわりに時給は安く、ベテランの日本人は採用しにくい	B社はアルバイトの時給を上げた
第二に待ち時間の短さを重視している	待ち時間は主要ライバルに比べて最も長く、オーダーミスなどトラブルも多い	C社はレイアウトを抜本的に見直し、人が少なくても回る体制を築こうとしている

*注）Key Buying Factors:重要購買決定要因

Chapter
2

マインドセット

情報収集・データ分析

意思決定

伝える

PDCA

　たとえば立ち食いそばチェーンでヒアリングした結果、図5のことがわかったとします。しかし、これでは、「だから何?」という質問が飛んでくるかもしれません。

　ここで意識したいのが、単なる情報整理にとどまるのではなく、そのファインディングズ（発見）からの意味合い、つまりビジネス上の示唆を考えることです。

　たとえば図5の左端「顧客のKBF」からは何がいえそうでしょうか。ここで役に立つ質問が「So What?」、それって結局、どういうことがいえるの?　ということです。

　正解がないとはいえ、ビジネスでは企業価値（企業の生み出すであろう将来的なキャッシュからその企業の経済的価値を計算したもの）を高めることが究極の目標ですので、それにつながる示唆を引き出すことが大事です（図6）。

　こうして出てきた意味合いを統合し、さらに上位の意味合いを引き出すと、「自社もオペレーション改善のための抜本

┃図06　結局、何がいえるのか?

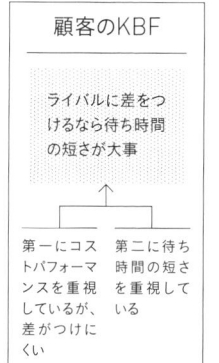
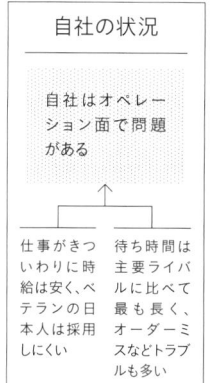
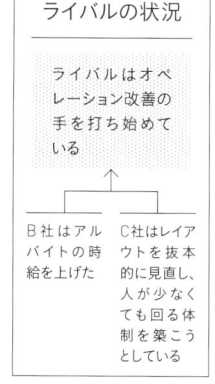

的なテコ入れを行わないと競争に負けてしまう」といった示唆が得られそうです。

　情報のかたまりから意味合いを引き出すことを、コンサルティング業界では「クリスタライズ（結晶化）」と表現します。ポイントは、情報からの意味合いは、自動的に引き出されるものではなく、「ひねり出す」必要があるということです。

　その上で、妥当性を強化（場合によっては修正）するために、見落としや情報のモレがないかを確認したり、誤った情報を用いていないかを再度検証するのです。

　意味合いを引き出すことは、編集、すなわち情報の短縮化や並べ替え、校正とも異なります。一段階レベル感を上げた示唆をひねり出すことが、ビジネスをよりよい方向に推進させる原動力となるのです。

キーワード
意味合い、KBF（重要購買決定要因）、So What?、企業価値、クリスタライズ

014　新しい事実を発見せよ

分析の醍醐味は
実態を明らかに
すること

解説

　分析には、仕事や組織に好ましいインパクトを与えるもの
もあれば、そうでないものもあります。

・ 思い込みを覆すような分析
・ ビジネスに役に立つ新しい発見のある分析

　このように、皆がまだ気がついていない実態を明らかにす
るという点が価値のある分析の鍵です。

　言い換えれば、皆が直感的に感じていたことをそのまま追
確認したような分析や、"Something New" のない分析には
大きな価値はありません。

　まず、思い込みを覆す分析の例から見てみましょう。たと
えば、ある企業で、新入社員の採用にあたって、頭の回転を

Chapter
2

マインドセット

情報収集・データ分析

意思決定

伝える

PDCA

■ 図07 皆の思い込みを覆す分析例

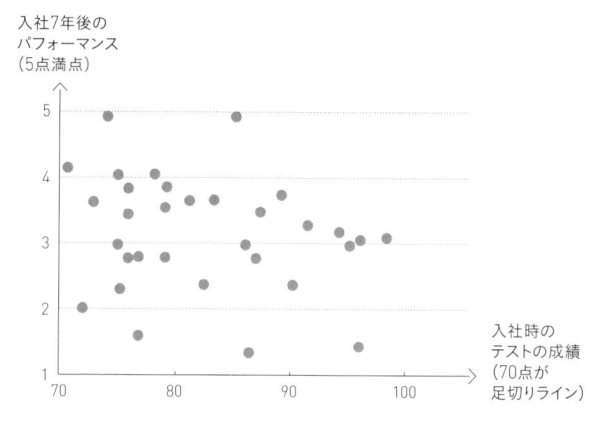

入社7年後の
パフォーマンス
（5点満点）

入社時の
テストの成績
（70点が
足切りライン）

測るテストを用いて一次選抜を行い、その後面接でふるいに
かけるという方法を採っていたとします。

　漫然とこのテストは有効だろうと思っていたところ、ある
時、人事部で追跡調査をし、テストの結果と7年後のパフォー
マンスを比較して図7のような結果が得られたとします。

　一見して、テストの成績と7年後のパフォーマンスにあ
まり関係はありません。むしろ、弱い負の相関（一方の数字
が上がるほど、もう一方の数字が下がる関係、Basic018参照）
があるようにも読めます。

「このテストを用いた選抜は意味がないのではないか」「選
抜方法の見直しが必要では」といった仮説が導けます。

　右肩下がりだったウイスキー市場において、近年ハイボー
ルが健闘し、市場規模の再拡大に貢献していますが、その背
景には、「ウイスキーの濃度は12％程度が最も美味しい」と

いう社内の常識を覆したサントリーの調査・分析があったとされています。実際には消費者は、8%程度の濃度を最も美味しいと感じたというのです。

　もう1つの価値のある分析は、ビジネスに役に立つ新しい発見をもたらす分析で、以下のようなものです。

・ある要素との間に、想像しなかった相関関係や因果関係があった
・誰も気がついていない顧客の悩みやニーズがあった
・成功事例や失敗事例に予想外の共通点があった

　こうした分析力がすぐに身につく万能の近道はないのですが、ヒントを提示します。

　1つは、予見のないピュアな視点で現場を見て、顧客の声を聞くことです。たとえば、「実はこの商品のKBF（重要購買決定要因）は、機能面での差別化ではなく、単に習慣になっているかどうかではないか」といった仮説などは、売り場を冷静に観察したり、顧客にヒアリングしたりすれば導き出せるものです。周りの思い込みを無批判に受け入れるのではなく、現場感覚を持ちながら自分の頭で考えることが必要です。

　微妙な違和感を大事にすることも有効です。
「こんな顧客の声が複数出てくるなんて初めてだ」
「この製品はもっと売れてもいいのに」

　こうした**些細な違和感が、意外な発見につながる**ことは少なくありません。違和感を抱いたら、それをメモするなど言

Chapter
2

マインドセット

情報収集・データ分析

意思決定

伝える

P D C A

語化しておくことをおすすめします。

　そして、もう一つのヒントは新しい切り口や切り方で物事を眺めてみることです。これは次の Basic015 で説明します。

　なお、すべての分析が新しい知見をもたらす必要はありません。優秀なコンサルタントでも、本当に価値のある分析は、レポートのせいぜい 10％前後という人もいます。自分なりの仮説を持ちながら、オーソドックスな分析と、チャレンジしてみる価値のあるユニークな分析のバランス感覚を意識しましょう。

キーワード
切り口

Basic

015

一見単純そうな分析でも、
独自性を発揮し価値を出すことができる

分析は
切り口と切り方

解説

　分析の元の意味は「分けること」です。価値のある分析に
つながりやすいのは、それまで誰も試していないユニークな
切り口や切り方で対象をブレークダウンするときです。

　ここでの「切り口」は対象をブレークダウンする視点やア
ングル、「切り方」はブレークダウンする上での細かさ（粒度）
や境界の置き方を意味すると考えてください。

　図8の「切り口」の例は、問題箇所の特定、たとえばクレー
ムの多い顧客層（あるいは逆に優良顧客層など）の属性を知
ろうというものです。

　バリューチェーンや、人事の「採用／配置／育成／評価／
報奨／退出」といった定番の切り口、フレームワークはマス
ターしつつ、状況に応じてそれらを使うことが求められます。

　図9の「切り方」の例は、顧客の年齢層で分けたヒスト

Chapter
2
◉

マインドセット

情報収集・データ分析

意思決定

伝える

PDCA

■ 図08 切り口

非効果的な切り口

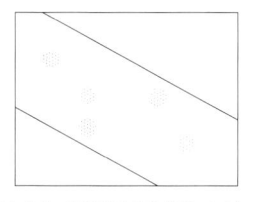

効果的な切り口

注）∴が問題のある箇所を示す。左右で問題箇所は同じ場所にある点に注意

■ 図09 切り方

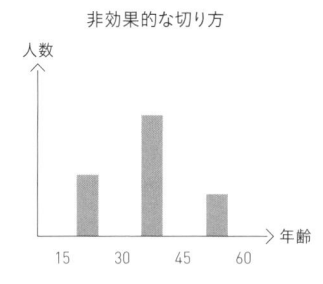

非効果的な切り方

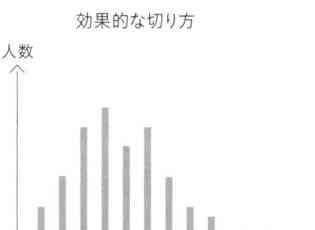

効果的な切り方

グラム（度数分布表）です。

　右図では、ボリュームゾーンでピーク（山）が２つに分かれていることがわかります。顧客層が２つ混在しており、別々のピークを持つ２つのターゲット層が入り混じっている可能性が示唆されます。

　効果的な切り口、切り方で全体をブレークダウンし、その上で比較したり関係性を見ることで、有益な示唆が導かれるという分析の基本をしっかり押さえましょう。

キーワード
バリューチェーン、ヒストグラム

016

全体と部分をバランスよく見る
効果的ツール

ロジックツリーで
「木も森も」見る

解説

　前項で見た切り口や切り方は、1段階で切り分ける例でした。多くはそれで間に合いますが、より細分化が必要な場合もあります。

　その時に活用できるツールがロジックツリーです。これは、ある要素やテーマをMECE（モレなくダブりなく）を意識しながら、まさに木の枝のように切り分けていくものです（図10）。

　3段目以降は厳密なMECEではなく、「MECE感」さえあれば十分な場合が多いですが、最初の2段目までは極力MECEにこだわるとモレや見落としが減り効果的です。

　たとえば、ロジックツリーを用いてこの映画館が毎月のクレームを整理すれば、どこに改善余地があるか、どのような顧客の変化があるかが把握しやすくなるでしょう。

■ 図10 ロジックツリー

[映画館へのクレームをロジックツリーで切り分ける]

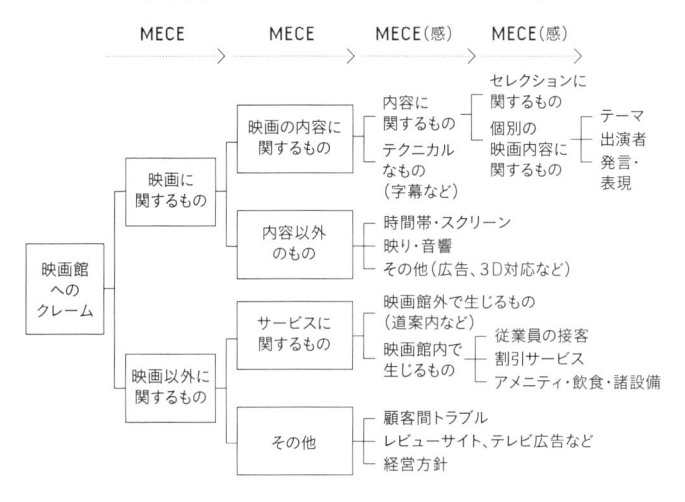

ロジックツリーは、問題解決の「What-Where-Why-How」のプロセスでは、特に Where 以降のすべてのステップで応用できることから、コンサルティングファームなどでは重宝されています（図11）。

・ Where（どこに問題箇所があるのか、改善感度が高いのか）
・ Why（なぜその問題が生じたのか）
・ How（問題を解決するにはどんな対策が考えられるか）

さて、こうして見てくると、ロジックツリーは単なる詳細な分析ツールに見えますが、実はその最大ともいえる効用は別のところにあります。

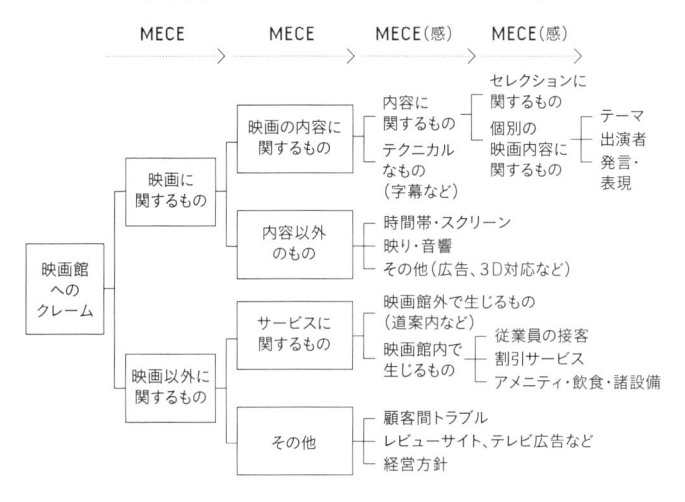

Chapter
2

マインドセット

情報収集・データ分析

意思決定

伝える

PDCA

■図11 問題解決のプロセスとロジックツリー

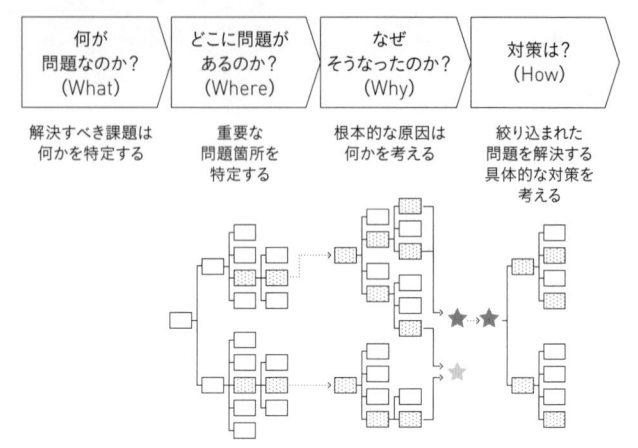

何が
問題なのか？
(What)

解決すべき課題は
何かを特定する

どこに問題が
あるのか？
(Where)

重要な
問題箇所を
特定する

なぜ
そうなったのか？
(Why)

根本的な原因は
何かを考える

対策は？
(How)

絞り込まれた
問題を解決する
具体的な対策を
考える

出所：グロービス経営大学院『グロービスMBAクリティカル・シンキング　コミュニケーション編』
ダイヤモンド社、2011年に加筆修正

　それは全体像が一望できるということです。これは以下の
効果をもたらします。

・全体像が見えるので、どこが重要かそうでないかの判断が
しやすい。結果として作業のメリハリ（大胆に捨てたり、
深掘りするなど）をつけやすくなり、時間効率が劇的にあ
がる
・いまどこの部分の議論をしているのかわかりやすく、チー
ム内での意思疎通がしやすくなる

　実際、こうした効用も踏まえ、コンサルティングファーム
によっては、プロジェクトの最初にイシューアナリシスとい
うロジックツリーの応用版を描き（Basic017参照）、全体像

を確認した上で段取りを検討し、作業に入ることが定式化されています。

　ロジックツリーそのものはいたってニュートラルで無色のコンセプトですが、そこには抜群の効用があることを感じ取ってください。

キーワード
MECE、改善感度、イシューアナリシス

Basic

017

視野狭窄に陥らずに
全員で状況を把握する

イシューアナリシスで
チームの力を高めよ

解説

ロジックツリーのバリュエーションにイシューアナリシスが
あります（図12）。コンサルティングファームのマッキンゼー
が開発したもので、いまでは多くの人に浸透しています。

特徴は、左端のスタート地点が解決すべき課題設定である
ことです。90年代頃は「○○とすることは可能か？」といっ
た表現で書かれることが多かったようですが、最近は単に「在
庫削減」と体言止めで書くなど、それほど表現の形式にはこ
だわらずに使われることも多いようです。

また、簡単でもいいので最初に仮説として右端に「可能
か？」について、YESかNOかを書いておくと作業が進め
やすくなります。

筆者の知人のマッキンゼー出身者は、いまでも仕事が新し
いフェーズを迎える際には、イシューを分解したツリーを描

Chapter
2

マインドセット

情報収集・データ分析

意思決定

伝える

PDCA

■ 図12 イシューアナリシスのイメージ

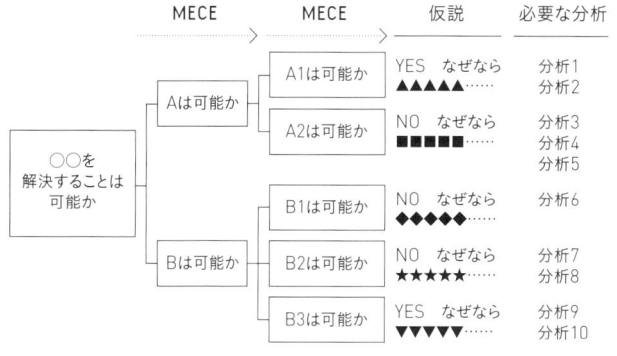

出所：グロービス『グロービスMBAキーワード　図解 基本ビジネス分析ツール50』
ダイヤモンド社、2016年に加筆修正

くことを習慣にしているといいます。

　ロジックツリーで全体を見ることの効用として、以下のようなことも期待できます。

・取り組んでいる問題の大きさや重要度、他人の役割を認識
　でき、チームとして全体感を持って仕事を進められる。結
　果としてチームワークの醸成にもつながる
・チーム内で自分が付加価値を出せる場所を見きわめやすい
・自分より二段階くらい上長の視座で物事を見る習慣が意識
　づけられる。後工程や前工程にも気配りができる

　イシューアナリシスには、こうしたチームとしての生産性
を高める効果があることを知っておきたいものです。

キーワード
ロジックツリー、マッキンゼー

018 疑似相関に注意する

ただの相関関係か因果関係か、それが問題だ

解説

　重要かつ有効な分析の1つの型として、関係性を見るというものがあります。

　こうした関係性を捉える際には、通常、散布図を描き、その相関を視覚的に見ます。相関とは、一方が増えれば、もう一方が増える（あるいは減る）といった関係がどのくらい強いかを示すものです。

　図13右に示したように、サンプルの分布がより直線に近い形になると、相関が強いと判断され、また相関の強さを示す相関係数の絶対値があがります。

　図13の例は、年度ごとに、有効求人倍率と、ある会社の採用人数をプロットしたものです。

　もしあなたの会社が左側のような状況であれば、景気などに関係なく採用ができる優良企業と考えられます。粛々とリ

Chapter
2

マインドセット
情報収集・データ分析
意思決定
伝える
PDCA

■図13 相関関係

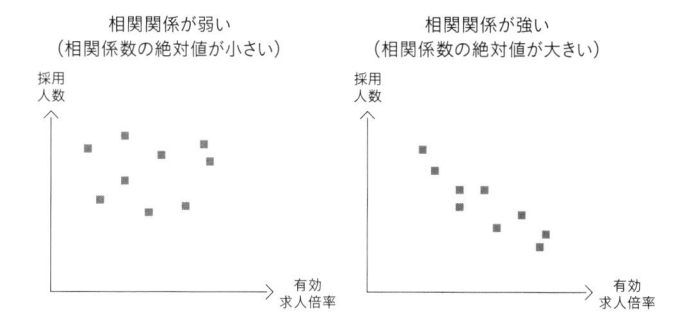

クルーティング活動を行えばいいでしょう。

　一方、右側のような企業の人事部に勤めているなら、その時々のリクルーティングの工夫は非常に重要になります。究極的には会社の魅力度があがることが必要ですが、一人事部員としても、インターン制度を充実させるなどの施策を真剣に考える必要があるでしょう。

　こうした相関は、多くの場合、因果関係（原因と結果の関係）を伴っています。因果関係があると、何かの施策を打つ時にも「これをすればこうなる」といったように、人々に説明し、納得してもらいやすくなりますから、いろいろな意味で重要なポイントです。

　筆者がよく知るベテランのコンサルタントは「分析で一番大事なのは因果関係を見つけることだ。それがあれば、人を動かす説得材料になる」といっています。

　ただし、最近はITの進化とビッグデータの実用化により、その傾向に多少変化が生じています（この点についてはBasic029で後述します）。

因果関係の条件としては、以下の３つが必要とされます。

・第３因子が存在しない
・時間の順序が正しい（原因が結果に先立つ）
・相関関係がある

　まず第３因子から説明しましょう。

　たとえば一般に、アイスクリームが売れる月ほどビールが売れるという傾向が見られますが、ここに「アイスクリームを食べるとビールを飲みたくなる（あるいはその逆）」の因果関係はありません。

　ここには「気温」という第３因子が存在しています。つまり、気温が高い月ほどビールも売れるし、アイスクリームも売れます。結果、ビールとアイスクリームの売上に見た目の相関（疑似相関）が生じてしまったわけです。

　こうした単純な例はすぐに気がつくでしょうが、その判断が難しい場合もあります。たとえば勉強時間が長いほど成績がよいという相関関係はよく観察されますが、それが「勉強すれば成績があがる」というシンプルな因果関係で説明できるかというとそうではない可能性もあります。

　もともとよい成績を取れる学生は、その科目に対する関心が強く、また好奇心もあるため、勉強することをいとわないという解釈もあるからです。これは、「関心、好奇心」という第３因子が存在しているともいえるのです。

　因果の順番も、原理は単純ですが、その証明は簡単ではありません。たとえば前述の例は、そもそも逆の因果関係の方

Chapter
2
マインドセット

情報収集・データ分析

意思決定

伝える

PDCA

が強い、つまり「得意であるがゆえに勉強もしたくなる」とも解釈しうるのです。

あるいは商談時間が長い顧客ほど営業成績に結びつきやすいという関係も、場合によっては「売上をあげやすい会社ほど、単純に先方の関心が高いため、質問が多くなり、商談時間が増える傾向がある」という逆の因果関係の方が強いのかもしれません。

一般に、相関関係の有無は比較的容易に調べられますが、第3因子が存在しないことと、因果の順序が正しいことを厳密に証明しようとすると簡単ではありません。さまざまな事例に当たる必要もありますし、比較実験なども必要になるためです。

ただ、ビジネスの場合は、学者ほどの厳密な証明は要求されません。常識的な判断や補足情報の収集が素早くできる程度のスキルを持つことを目指してください。

キーワード
相関関係、相関係数、因果関係、第3因子、疑似相関

019

説明の流れを仮説的につくった上で、
それを補強する分析で埋めると効果的

スケルトンを
分析で埋めよ

解説

　通常、分析は 1 つの図表（チャート）だけで効果を出す
わけではありません。特に多くの人を説得する場合には、メ
インメッセージを持つ一連の会議資料やプレゼンテーション
資料の中で用いられることで効果を発揮します。

　この時役に立つのは、まずはスケルトン（ストーリーボー
ドや「紙芝居」ともいいます）と呼ばれる全体の骨格、流れ
を、その時点で手に入る資料や分析結果、さらには一般常識
などを用いて仮説的につくってしまい、鍵となる、新しい発
見を効果的に散りばめるというやり方です。

　タイトルとメッセージだけをまずは書くこともあれば、手
書きでラフな図表の最終イメージもあわせて描きこむケース
もあります。コンサルティングファームなどでよく用いられ
る方法です。

Chapter
2
マインドセット
情報収集・データ分析
意思決定
伝える
PDCA

■図14 スケルトンのイメージ

1 サプリを使わない理由は？

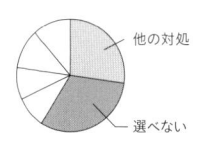

他の対処

選べない

すでに他の対処をしているか、たくさんの商品から選べないという人が多い

2 他の対処法とはどんな方法？

目薬
眼科医

目薬で日ごろ対処している人が多い

3 サプリを選ぶのに欲しい情報は？

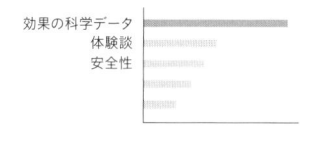

効果の科学データ
体験談
安全性

効果に関する科学的データを最も重視している

4 Dgsでの購買プロセスは？

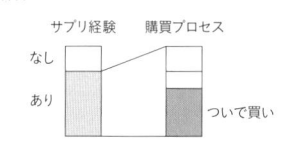

サプリ経験　購買プロセス

なし

あり　　　　　　　ついで買い

Dgsでサプリを買うのはついで買いのケースが多い

出所：グロービス『定量分析の教科書』東洋経済新報社、2016年に加筆修正

　多少のコツと経験は必要ですが、慣れてくるとこちらの方が新しい分析結果の位置づけもより明確になりますし、どこに分析のフォーカスを置くべきかのアタリもつけやすくなります。正しい方向に向けて人を説得するという最終目的のためにも効果的です。

　すべてのスライドを新しい発見で埋める必要はありません。仮に20枚の説明資料であれば、その中に2、3枚 "Something New" のある分析スライドがあれば、人々は強い印象を受けるものです。

キーワード
メインメッセージ、ストーリーボード

Basic

020　結局、何が「核心」なのか?

本質を考えよ

解説

　エレベータ・トークという言葉があります。これは、エレベータでたまたま居合わせた自社や顧客の VIP に、1 分程度で自分の抱えている課題や実行したいアイデアの骨子を説明するというものです。実際にこれをトレーニングに取り入れている企業もあります。

　これは Chapter4 の「伝える」ということにも関わる部分が大ですが、物事の肝の部分、本質というものをつかみきれていないと物事を冗長に伝えてしまいがちです。

　では「本質」はどのようにすれば捉えられるのでしょうか。

　Basic003 で紹介した問題解決の「What-Where-Why-How」のプロセスでいえば、特に「What」「Where」「Why」に関してこの本質思考が要求されることが多いものです。

　わかりやすいのは「Where」や「Why」で、改善余地が

Chapter
2

マインドセット

情報収集・データ分析

意思決定

伝える

PDCA

最も大きい部分やそれを引き起こしている根源的な原因が「問題の本質」であることが一般的です。これは愚直にロジックツリーなどを用い、分析していくと見えてきます。

　一方、「What」の急所を押さえるのはなかなか容易ではありません。「What」の核心を押さえることは、適切な課題設定をすることであり、「あるべき姿」を正しく描くということにほかならないからです。

　これは、自分だけの問題や、1対1の人間関係であればまだ考えやすいのですが、複数の人間が複雑に絡み、各人の「あるべき姿」がずれてくると、それについて合意を得るのは容易ではありません。

　たとえば日本では若者の選挙における投票率の低さが問題とされますが、これは何が「あるべき姿」なのでしょうか。可能性の一例として、

・若者の投票率が高いこと
・投票したくなるような政党や政治家が多数いること
・「どうせ変わらない」という無力感を減らすこと

　などが考えられますが、立場によって意見が異なり、共通の課題設定をするのは容易ではないでしょう。実際、この問題については、多くの識者が「本質的課題」を述べていますが、どれも一理あるものの、それぞれの距離感が大きく、共通の合意にはなかなか達しないでしょう。

ただ、こうした場合でも、

・視座を上げたり下げたり、他人の視点に立って物事を考え
　る習慣をつける
・関係者と話をしてみることで、「あるべき姿の最大公約数」
　を考え抜く
・自分が解決できる（人の力を借りれば解決できる）範囲の
　課題を設定する

　これらの３つを意識するだけでよりよい課題設定に近づ
けますので、ぜひ意識してみてください。

キーワード
エレベータ・トーク、課題設定

意思決定

論理思考、
ビジネス定量分析、
ファシリテーション

未来に向けて
いい選択肢を見出し、選ぶ

何かを決めること、意思決定（判断）は、さまざまな経営分野に関わってきます。具体的には、論理思考や定量分析はもちろんのこと、会議で物事を決める際にはファシリテーションも関係してきます。

また、経営学の隣接分野でもある心理学や、近年では脳科学の知見なども活用されるようになってきています。それだけ多面的に学ぶことでようやく効果が生まれるスキルともいえるのです。

決めるという行為そのものは、日常生活の上でも必ず行っているものであり、その意味では、情報収集や分析などに比べても身近な行為です。

しかしそれが簡単かといえば、決してそんなことはありません。よくあるのは、根拠のバランスを欠いたまま何かを決めたり（定性的情報あるいは定量的情報の一方に偏りすぎるなど）、感情的な状態で好ましくない判断をするというケースです。

さらに、重大で難しい判断になるほど先送りしたり、逃げてしまうという傾向があります。

筆者がかつてインタビューさせていただいたある経営者の方は以下のような趣旨のことを述べられていました。

「経営者の意思決定なんて格好いいものではない。誰かに対して不利に働くような、難しい意思決定になればなるほど、それを下した後は自己嫌悪に陥ることもある。しかし、そこから逃げていたら経営者失格なので、苦しいけど逃げずによりよい意思決定を模索するのだ」

　意思決定はこうした難しい側面があるからこそ、落とし穴を避け、コツをつかむことで、他者に差をつけられるポイントになると意識したいものです。

Basic

021　使うべきエネルギーを適切に設定する

パーキンソンの凡俗法則を避けよ

解説

　会議で物事を決めるというのは日常よくあることです。会議は、本来であれば多様な視点の人間が集まることでよりよい結論に至ることが多いものですが、残念ながらそうでもないケースもあります。

　一般論としては、重要な議題にはなるべく多くの時間をかけて検討し、重要度の低い議題はそこそこの時間しかかけないというのが鉄則ですが、往々にして、むしろその逆のことが起こりがちです。その典型が「パーキンソンの凡俗法則」の罠です。

　通常、難しい事柄（重要度が高いことが多い）については、話も難しく、複雑なため、多くの人がその全容をなかなか理解できないということが起こります。その結果、一部の「よくわかっている人」や利害関係者の主張が強調され、反対意

見もあまりないまま、結論もあっさり決まってしまいがちです。

　一方で、たとえばオフィスのレイアウトのような単純な案件については、話も単純ですから、誰もが臆することなく発言できます。ひたすら瑣末なことについて、誰もが自分の存在を誇示するかのように発言をし、無駄に時間が過ぎ去っていくのです。

　パーキンソンの凡俗法則を逃れる最も効果的な方法の１つは、事前に物事の重要性を正しく共有することです。その上で、重要度を見越して時間配分を適切に設定することが望まれます。

　たとえば１時間の会議なら、重要度の高い案件には40分を割き、それ以外の案件は20分でどんどん決めるなどとあらかじめ決めてしまうのです。

　もう１つの有効な手法は、会議にファシリテーターを置くことです。ファシリテーターは、議論のあり方を構築し、適宜さばく人です。

　そもそも会議で議論すべきテーマにそって皆が発言しているかを判断するとともに、発言者のバランスなどについても注意を払い、会議の生産性を高めます。

　ファシリテーターはうまく用いると、会議の生産性を大きく高めます。

　重要な議題は多くの時間をかけて議論し、重要度の低い議題はどんどん決めていくという基本を常に意識しましょう。

キーワード
時間配分、ファシリテーター

Basic

022　誰もが会議で貢献しうる

会議は
付加価値を
出す場

解説

　会議に参加することは、職場の状況を知ったり、物事が決まった理由を知るという意味でも有効ですから、「発言しない＝参加した意味がない」ということでは決してありません。しかし、やはり付加価値は減ります。

　会議の参加者が先輩や年上ばかりだと、気後れすることもあるかもしれませんが、発言を通して、会議の決定をよりよい方向に持っていくことが、ビジネスパーソンの価値を高めます。どのような人であっても、その人しか知らない情報や、その人ならではの独自の視点があり、それが議論の幅を広げることにつながるからです。

　会議の結論があっさりとある方向に傾きがちな時に、「このような顧客の声を最近現場で聞くのですが」という、あなたならではの知っている情報や「こういう方法論もあると思

いますが、検討されなかったのでしょうか？」という意見が
出せれば、それも会議に刺激をもたらします。

　会議は往々にして同調圧力（何かを決める際に、少数意見
を持つ者に対して暗黙のうちに多数意見に合わせることを強
制すること）も働きます。これも往々にして好ましい結果を
もたらしません。

「それって偏った見方ではないでしょうか」などと疑義を呈
するのも、会議における判断をよりよいものに導きます。

　議論は単純な多数決で決まるものではありません。仮に少
数意見であることがわかっていても、それを提示するだけで、
組織の多様性の受容力や、ものの見方は改善されるのです。

　この時大事なのは、「この意見は会議の結論によいインパ
クトをもたらすだろうか」ということをしっかり見きわめ、
その上で発言することです。

　会議は自分の存在を誇示する場や自説を披露する場ではない
という意識を持ち、よりよい決定に向けて自分なりにどのよ
うな貢献ができるかを意識することが大切です。

キーワード
同調圧力、多様性

Basic

023　集団による意思決定独自の落とし穴を知る

集団で決めるからこそ 極端に振れる

解説

　グループや集団で何かを決めようとすると、集団独自の力学が働き、極端な結論に至ってしまうことがあります。ここではその中でも、グループシンク（集団浅慮）と沈黙のらせんについて解説します。

　グループシンクとは、集団の同調圧力により、その集団で考えていることが適切かどうかの判断能力が損なわれる状況です。その結果、リスクが必要以上に高い方向にぶれたり（リスキーシフト）、極端に安全志向の方向に行く（コーシャスシフト）といった現象が発生することが知られています。

　グループシンクは、集団凝集性（集団の構成員を集団にとどまらせようとする力）が高く、クローズな環境であるなどの条件が揃った時に発生しやすいとされます。

　グループシンクの概念を発表したアーヴィング・ジャニス

は、一例として次のような防止策を提案しています。

・各メンバーが批判者としての役割を果たすように促す
・外部に別のリーダーが率いる立案・評価グループを置く
・外部や他部署から人を招いて、メンバーの見解や結論に意見を述べさせる
・多数意見にあえて反論する「悪魔の代弁者」役を設ける
・集団を２〜３個の集団に分けて異なるファシリテーターの下に別々の会議を開き、意見を持ち寄って検討する

　グループシンクとは異なるメカニズムで偏った意見に振れてしまう現象に「沈黙のらせん」があります。

　これは、議論の流れがいったん自分の意見と違う方向に流れると、あえて反論を出して皆から孤立するより、沈黙という行動を取りがちになる人間の性向によります。

　結果として、たまたま当初優勢だった意見が、実際のメンバーの意見の分布以上に加速度的に増幅されて、気がついたら極端な最終合意になってしまうのです。

　これを避ける方法としては、ファシリテーターが参加者にまんべんなく発言を求めるよう指名するなどが有効です。

　集団で決めれば平均的な意見に落ち着きそうなものですが、そんなことはありません。**集団で決めるからこそ極端に振れることがあるという点は意識すべき**なのです。

キーワード
グループシンク、リスキーシフト、コーシャスシフト、集団凝集性、悪魔の代弁者、
沈黙のらせん

Basic

024 一時の感情で
重要な意思決定をしてはいけない

ファクトと直観に
頼ってもいいが、
感情で決めるな

解説

　人間は感情の動物です。怒りや妬みなどから離れたところで完全に合理的に思考できる人間は皆無でしょう。問題は、その「程度（レベル感）」です。感情に任せて何かを決めた上に立場固定（最初に取った行動が、合理性がないにもかかわらず、プライドなどからそれにこだわってしまうこと）をしてしまい、身動きが取れなくなるというのは最悪です。

　多少の感情が入ることを完全にシャットアウトできないことは理解しつつ、重要な意思決定においては、極力それを取り除くことが望まれます。

　そのための方法論に、時間を置くという方法があります。人間には「早い思考」と「遅い思考」があるとされています。ラフにいえば、早い思考は感情面にも大きく左右される直感（直観）的思考、遅い思考は論理的思考です。

　カチンときた時に、その感情が収まらないうちに何かを判断するのは得策ではありません。一晩寝て冷静になれば考え方も変わる、といったことは少なくありません。単純ではありますが、時間を置くのは有効な方法なのです。

　さらには、日常から感情をうまくコントロールすべくEQ（心の知能指数）を高めることです。具体的方法として、
・ネガティブ感情は書き出して認識する
・ネガティブ感情が起きたら、心が収まるまで待つ
・楽しい、あるいは面白かった場面を思い起こす
　などの方法があります。

　感情に任せた意思決定や、それに伴う刺々しい言動、あるいは人の足を引っ張ることなどは、誰も幸せにしません。周りもそれを敏感に察知しますから、長い目で見て自分の味方を減らすという点は認識しておきたいものです。

　なお、特に怒りの感情には上のような対応が有効ですが、自分の価値観にそぐわないなどの「気持ち悪さ」は重要な判断材料となることがあります。たとえば取引先からのキックバック要求を受け入れるか拒否するかといった判断です。
　自分の信念を偽らないというのも大事な判断軸です。その差異は意識しておきましょう。

キーワード
立場固定、早い思考と遅い思考、EQ

Basic

025　選択肢の網羅は難しい

決めることとは、
不完全な選択肢から
選ぶことではない

解説

　決めるという行為は、言い換えれば選択肢（戦略代替案）から選ぶということでもあります。当然、本来検討すべき選択肢を考えもらしてしまうと、最終的な決定事項の質も下がってしまいます。

　そこで活躍するのがロジックツリーです。取るべき施策の選択肢を枝分けして考えることで、大きな抜けやモレを防ぐわけです。しかし、それは必ずしも容易ではありません。

　その例が図15です。小学生向け学習教材をつくっている会社が、チャネルを強化し、効果的なプロモーションにつなげようとしているシーンを想定してみてください。

　この例では、すでに2段目の枝でいくつかのモレがあることがすぐにわかります。

　上の「人を介して」では「自社や代理店の営業担当者」や

Chapter
3

マインドセット

情報収集・データ分析

意思決定

伝える

PDCA

■ 図15 Howのロジックツリー（不完全な例）

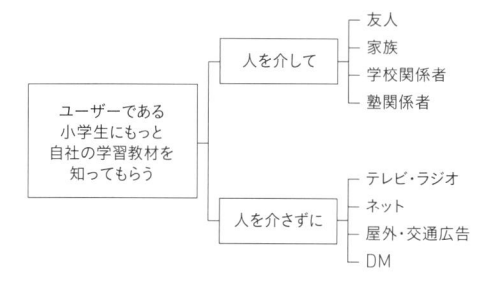

「塾以外の習い事の場の関係者」なども考えられます。下の「人を介さずに」では、「学校にポスターを貼らせてもらう」などが抜けていますし、小学生というターゲットと相性のよいゲーム専用機メーカーとコラボする、といった革新的なアイデアもあっていいはずです。

このようにHowのロジックツリーは往々にして既存の手段や前提にとらわれ、革新的アイデアを見逃してしまいがちという難しさもあるのです。

効果的なHowを検討するためには、状況をビビッドに頭に描くことが有効です。たとえば小学生がどんな1日を過ごすかを想像したり、観察していくのです。

Howのロジックツリーは、そうしたビビッドなイメージから得られた下流の具体的アイデアも意識しながら左右両面から完成に近づけるべく描いていくと、モレが減り、ユニークなアイデアを逃がす可能性が減ります。

キーワード
戦略代替案、Howのロジックツリー

Basic

026 不確実性の時代だからこそ確率思考を持つ

確率と
うまく付き合え

解説

　ある選択肢を選んだ結果、実際に何が起こるかには不確実性が生じます。

　その不確実性も、たとえば国際紛争や為替変動のように、一個人や一企業にはどうしようもないものもあります。

　決めるという行為は未来に向けて行うことですが、未来のことである以上、その結果には必ずバラつきが生じるのです。

　そうした中で、100%の精度は出せないまでも、効果的な決断に役に立つのがディシジョンツリーというツールです（図16）。ここまで明確な形にしないまでも、皆さんも日常的に頭の中でぼんやり考えている思考法を精緻に可視化したものです。

　ディシジョンツリーでは、四角い節点（ノード）は自らが意思決定をする箇所を示し、そこからの分岐はその意思決定

図16 ディシジョンツリーの例

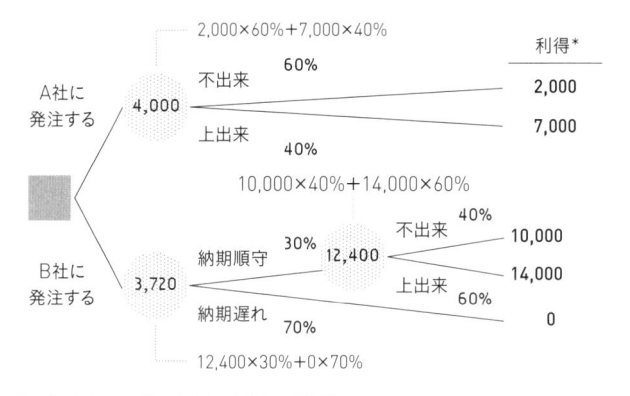

［ アプリの開発を外注しようとしている ］

2,000×60％＋7,000×40％

利得*

A社に
発注する

4,000

不出来 60%　2,000

上出来 40%　7,000

10,000×40％＋14,000×60％

不出来 40%　10,000

納期順守 30%　12,400

14,000

B社に
発注する

3,720

上出来 60%　0

納期遅れ 70%

12,400×30％＋0×70％

■ ：意思決定ノード（意思決定者の代替案の分岐点）
⬡ ：機会事象ノード（不確実な事柄の分岐点）　　　　*注）ここでは効用は想定される利益（万円）とする

における選択肢を示します。また丸い節点は確率が登場する
箇所であり、そこからの分岐は発生しうる状態を表します。

　図16は、アプリの外注先をA社、B社から選ぶ例ですが、
特に条件がなければ、期待値（確率で重みづけをした利得）
の大きなA社を選択するのが賢明な選択となります。

　図に示したように、A社の期待値は、2,000×60％＋7,000
×40％＝4,000となります。一方、B社の期待値は、納期に
間に合った場合は10,000×40％＋14,000×60％＝12,400
と非常に高いものになりますが、そもそも納期に間に合わ
ない可能性が70％もあるため、結局、12,400×30％＋0×
70％＝3,720となり、A社を下回ってしまうのです。

　ただ、これはあくまで期待値同士をそのまま比較できる場

合の話です。もし何らかの事情により、「1億円以下の利益では意味がない」という状況があるなら、そもそも1億円以上の利益を期待できないA社に外注するのは最初から意味がありません。納期遅れ70%のリスクは承知しながらもB社に発注せざるを得ないのです。

期待値だけを見るのではなく、ツリー全体を俯瞰し、条件と突き合わせながら決めることが大切です。

このようにディシジョンツリーを描くことにより、不確実な代替案同士を比較することができ、より期待値の高い、有利な選択肢を選ぶことができるようになるのです。

なお、実際の結果とその効用や確率はもっと連続的にバラつくものですが、実務的にそれを求めることは困難なので、図16のようにある程度単純化したモデルを用いるのが一般的です。

ところで、ディシジョンツリーは理論的にはわかりやすいのですが、実務的には事象ごとの利得や、それらが起こる確率を正確に見積もるのが難しいという問題は常につきまといます。

利得の数字や確率は、ある程度の調査や分析、過去の経験を踏まえて出すことが実際は多いです。

石油のボーリングなどは、過去の科学的知見が豊富なことからディシジョンツリーにフィットしやすいといわれています。一方で、過去に事例がない業界ではこのツールは使いにくいとされています。

また、起こる可能性は低くても、致命的なダメージをもたらす事象をどう現実的に考慮すべきかという問題もあります。

東京に本社を置く企業が首都圏大地震対策に多額の投資をすべきかといったようなケースです。

　金融業界では、起こりえないと思われていた大きな衝撃を与える事態を「ブラックスワン」（黒い白鳥）といいますが、ディシジョンツリーはこのブラックスワンに弱いのです。

　不確実性の高い時代において、「このアクションを取れば、このくらいの結果が得られるはず」という決めつけを前提に物事を決めるのは大きなリスクです。

　不確実性を見積もることの難しさも意識した上で、ディシジョンツリーに代表される、確率を明示したツールを適切に使い、確率を適度に判断に盛り込むことが求められているのです。

キーワード
確率思考、ディシジョンツリー、期待値、ブラックスワン

Basic

027 人間の「思考の歪み」と上手に付き合う

バイアスからは
逃げられないが、
知っておけ

解説

　人間にはバイアスと呼ばれる思考の歪みがあります。これ
は、多かれ少なかれ人間であれば必ずそれに左右されるもの
であり、完全には回避できません。

　しかし、そのうちの典型的なものを知っておくだけでも、
意思決定の質は間違いなく高まります。

　また、相手が陥っていると思われるバイアスを想像し、コ
ミュニケーションを取る中で確認することで、適切なアドバ
イスをしたり、議論をよりよい方向に進めるなども可能とな
ります。これはチームの生産性を高めることにつながります。

　バイアスの数は非常に多く、ビジネスに関係するものだけ
でも100は超えますが、一部でも知っておくと大きな助け
になります。

代表的なバイアスの例

- **ハロー効果**：本来その意思決定には関係ないはずの好ましいイメージに引っ張られてしまう
- **サンクコスト**：すでに発生して取り返しのつかない過去の投資やかかった手間にこだわり、本来検討すべき「将来を考えたときに好ましい意思決定」ができない
- **現状維持バイアス**：未知なものを受け入れるのを避け、現状維持の方がリスクが小さいと考えてしまう
- **確証バイアス**：自分に都合のいい情報しか目に入らない、あるいは過大評価する
- **初頭効果／終末効果**：最初のイメージや最後のイメージに引っ張られてしまう

　バイアスは、自分の判断の妥当性を確認する以上に、うまく用いれば相手を自分の都合のいい方向に動かす武器ともなりえます。

　ただ、**バイアスの乱用は、それを知っている相手には非常に狡知に映るもの**です。活用するにしても、節度を持ち、最終的に Win-Win の関係構築につながるかを強く意識しましょう。

キーワード
ハロー効果、サンクコスト、初頭効果／終末効果

Basic

028 　全く質が違うものを上手に天秤にかける

apple to orange

解説

　定量分析の領域では「apple to apple」（リンゴとリンゴ
を比べよ）という大切な原則があります。これは、何かを比
較し、そこから意味合いを出すのであれば、同じ前提で出て
きた数字を比較しないと無意味ということです。

　一方で、ビジネスにおいて実際に何かを決める際には、単
純な「apple to apple」の比較からは決まらないケースも少
なくありません。

　たとえば総務部の人間が一定の予算内でオフィス環境をよ
くしようと考える場合、ウォーターサーバーを置くのがいい
のか、それともトイレを綺麗にするのがいいのかの判断は、
「apple to apple」ではなく「apple to orange」の比較であり、
単純ではありません。

　さらにいえば、ウォーターサーバーとトイレなら同じ「オ

フィス環境整備」の枠で括られるため、まだ判断はしやすいのですが、その予算をオフィス環境整備に使うのか、それとも何かの研修に使うのかとなると、さらに比較は難しくなります。

リンゴと比べるものがオレンジのような近いものならまだしも、ネコや星など異質のものとなることが実際のビジネスでは多いのです。

見方を変えれば、このように単純に比較できないものを適切に天秤にかけ、より好ましい判断をすることがビジネスパーソンの腕の見せ所ともなるわけです。

一般には、単純比較できないものは、いくつかの重要な論点（評価項目）を選び出し、それを重みづけしながら一番いいと考えるものを選びます。

ここでのポイントは、重要な論点を正しく選ぶことと、その重みづけの妥当性を高めることです。後輩の新入社員にＡとＢどちらの仕事を振るかというシーンであれば、

・ 育成効果
・ 本人のモチベーション
・ 部署の業務の進捗
・ 一緒に仕事をする人間とのフィット感

などが重要な論点となるでしょう。

そして、これらの要素について、どのような効果を想定し、重みづけをするかを自分なりに決めます。

実際には、世の中の多くの判断は、「**結局は何を重く見るか**」で変わります。囲碁には「（相手のある手を）軽く見る」という表現がありますが、何が重くて何が軽いのかの判断軸、判断基準を状況に応じて適切に持てる人が、囲碁でもビジネスでも成功確率が高まるのです。

　どれが絶対的な正解ということはありません。多くの人が関わってくる決め事の場合、ポイントは「納得感」となります。つまり、「そういう基準で決めるならまあ納得するよ」とより多くの人に思ってもらえるかということです。

　そのためにも、常日頃から情報収集をし、バランス感覚を磨くことが必要になります。

　MBAで経営学を学ぶのも、結局は経営に関する知識をまんべんなく得ることで、高度なバランス感覚を磨くために他なりません。先の新入社員への仕事のアサインの例でいえば、育成のことばかりを考えてモチベーションの観点を見落としてはいけないということです。

　グロービス経営大学院やハーバード・ビジネス・スクールが採用しているケースメソッドという教育手法（実際のビジネス事例を題材に、どのような根拠でどのような意思決定を行うべきかを徹底的に議論する教育方法）は、その訓練をさらに濃密に行う手法ともいえます。

　見落としなく、納得感の高いバランス感覚を持てるような力をつけることが求められます。

ワンモア・アドバイス

　項目出しや重みづけは、自分の頭で決めるだけでいいなら わざわざ書き出すことはしません。しかし、他人、特に会社 やクライアントの VIP に対して説明する必要があるケースな どでは、その判断の根拠として書き出すのは効果的です。自 分の判断が本当に適切かを再確認できるというメリットもあ りますし、そこから生産的な議論がスタートすることもあり ます。

　必要に応じて図 17 に示したような可視化もできるように しておきましょう。

▌図17　論点と重みづけを可視化する

論点（評価項目）の重み

大 ←──────────────→ 小

	効果	他施策との整合性	実現性	時間	コスト	優先順位
オプション1	×	◯	◯	◯	◯	
オプション2	◯	△	△	△	△	3
オプション3	◎	△	△	◯	△	1
オプション4	△	◯	◯	◯	◯	2
オプション5	△	△	△	◯	◯	

キーワード

apple to orange、重みづけ、判断軸、判断基準、ケースメソッド

Basic

029 データ・ドリブン・ディシジョン・メイキングの時代を乗り切れ

機械やデータに頼らない意思決定も、機械やデータに任せきった意思決定も危うい

解説

　ITの進化は、人間の意思決定のあり方を大きく変えつつあります。2017年現在、囲碁や将棋ではAIやソフトが、ついに人間のトッププロの実力を上回りました。

　興味深いのは、AIやソフトの打つ／指す手が、人間の常識を大きく打ち破るものであることが少なくないという点です。

「常識的に考えてこうだろう」「こちらの方がいいだろう」という人間の経験則が覆される例が出ているのです。つまり、新しい定石／定跡が機械によって生み出されており、それを人間がどう取り入れるかが試されているのです。

　これは、ビジネスにも起こりつつあることです。

　たとえば、本書ではここまで、仮説を持ち検証する意識が、情報収集や分析の基本的姿勢であるという前提で話を進めて

きました。

　しかし昨今では、コンピュータやＡＩの解析機能や、スマホに代表されるセンサー（測定装置）の数や性能が増したこともあり、事前に仮説を持たなくても、ビッグデータが集まり、そこからある程度効果的なアクションや予測につながる分析結果が得られるようになってきているのです。

　たとえば因果関係は不明ながらも、過去の大量のデータから、「このタイプの商品は、社長が関西出身で、会社名がカタカナ、しかもメインバンクは△△銀行の顧客企業の方が、営業効率がいい」

　このような分析結果を機械が出したりするのです。この結果をどう自分の判断に取り入れればいいのでしょうか。

　「その傾向はあるのかもしれないが、因果関係が不明」とためらう担当者もいれば、「実態としてそうなら活用しよう」という担当者もいるでしょう。

　アマゾンのリコメンデーションの仕組みなどでは相関関係の方が重視されており、効果もあげていることから、「因果関係よりも相関関係が大事な時代」になったという意見を持つ識者は増えています。

　機械的な分析結果とどう付き合い、ビジネスの判断に活かしていくかは、日々変わっていくでしょう。

　現在ではリコメンデーションやウェブ広告の最適化、あるいはＨＲ　Ｔｅｃｈ（人事関連のＩＴを用いた新サービス）などがこうした分析の主戦場ですが、経営のより重要な決定（事業

撤退など)にも、機械が出す「人間には因果関係がわからない」という分析結果が用いられるだろうという見方もあります。

　こうした波を理解し、うまく乗ることも、現代のビジネスパーソンに課された大きな課題なのです。

キーワード
データ・ドリブン・ディシジョン・メイキング、AI、ビッグデータ、リコメンデーション、HR Tech

伝える

論理思考、
プレゼンテーション、
マーケティング

知らしめ、記憶に残し、行動を促す

　どれだけ素晴らしい分析をしたり、価値ある決断をしたとしても、それによって組織の人間や顧客の行動が変わらなければ何も起きません。そのアイデアや決断は極論すれば無に帰するということです。

　組織の流動化が進む現代とはいえ、他人から全く独立して1人で行動し、価値を生み出せる人はほとんどいないでしょう。通常のビジネスパーソンにとっては、どれだけ多くの人々を巻き込み、その行動に影響を与えられるかが、彼／彼女の価値ともなるわけです。

　そして、他者に好ましい行動を取ってもらうための第一歩は、的確に伝えるということです。

　これを実現するためには、内容をわかりやすいものにする論理的思考に加え、伝える工夫としてのプレゼンテーションの技術も必要になりますし、「相手の視点に立つ」というマーケティング的な発想も大事になってきます。また、人間という生き物そのものに対する真摯で強い関心も必須となります。

　伝える、あるいはコミュニケーションを取るという行動は、ビジネスパーソンに限らず、人間であれば必ず行うことであり、また実際に多くの時間を使っているはずです。

　必然的に失敗の経験も増えることが多いのですが、なぜか同じ失敗をしてしまいがちなのもコミュニケーションという

活動の特徴です。

　分析などとは異なって、「自分はいまこれをしている」という自覚を持ちにくかったり、慣れているがゆえに、スキルとして蓄積する以上に、昔からの癖に引っ張られてしまうという側面が大きいからかもしれません。

　また、相手に左右される部分が大きいがゆえに、振り返りや反省がおろそかになりがちという側面もあります。

　本 Chapter では、コミュニケーションの大前提となる基本とともに「人に印象づける」「人を動かす」ためのスキルやコツをご紹介します。

Basic

030
論理は重要だが、
論理だけでは響かない

論理、
情理、
倫理

解説

　特に人を動かすためのコミュニケーションにおいては、論理と情理、倫理の３つが重要となります。

　まず必要なのは論理とファクトです。「人間は理由を求める動物」という言葉もある通り、人は理由を説明されないと気持ちが悪いですし、モチベーションも湧かないからです。

　皆さんも、特に予想外の提案や指示を受けたときには「なぜですか？」と聞いたことがあると思いますが、それに応えられるだけの理論武装をすることがまずは大事です。「これをしてほしい。なぜなら……」のロジックを磨くということです。

　ロジックは、数字と並んで世界共通言語という側面もあります。では、論理だけで人が動くかといえばそのようなことはありません。

次に必要なのが情理です。これは、相手の感情に気を配るということと、自分自身の信念や情熱を持つことの両方が必要になります。

人は、単なる思いつきと、深い思考を伴った信念の差を敏感に見分けるものです。「彼／彼女がここまで考えた上であれほど情熱的にいうのだから、やってみる価値はある」と思ってもらえるだけの思考投入ができているか、振り返ってみるとよいでしょう。

最後の倫理は、近年ますます重要度を増しています。特に1980年代以降に生まれた若い世代は、企業の倫理面についてシビアな視線を向けることが知られています。

昔なら許容されたちょっとした企業の非倫理的姿勢に反発して不売運動が起こったり、ネットでの悪い口コミが生じ、長年かけて築き上げてきたブランド価値、言い換えれば企業への信頼や好感度等を毀損することすらあります。

自分やごく親しい人間の倫理観を基準にするのではなく、ニュースなどにも意識を向けながら「これは守らないと危険」といったレベルの倫理観はしっかり持つように意識したいものです。

キーワード
共通言語、信念、ブランド価値

Basic

031 独りよがりに行間を埋めていませんか

暗黙の前提に
落とし穴あり

解説

　人間には、「このくらいは相手も察してくれるはず」という思いから、議論の前提をわざわざ説明しないという傾向があります。

　たとえば、人事部長が以下の発言をしたとします。

「AくんはZ大学の出身者だそうだ。Aくんを採用しよう」

　これを三段論法の形にすると以下のようになります。

　大前提：(不明)
　小前提：AくんはZ大学の出身だ
　結論：Aくんを採用しよう

図18 コミュニケーションの各国分類

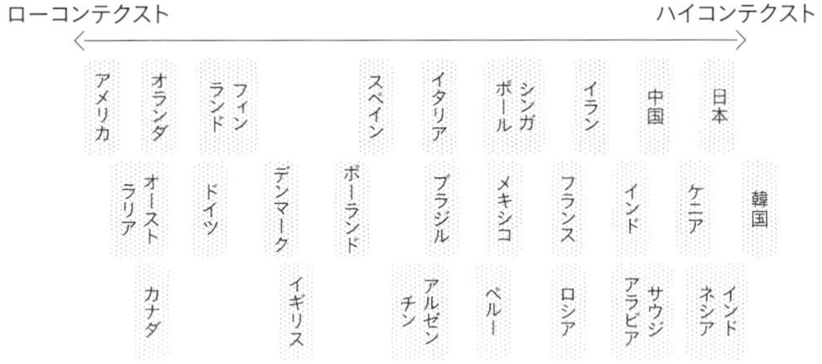

ローコンテクスト　←――――――――――→　ハイコンテクスト

アメリカ　オランダ　オーストラリア　カナダ　フィンランド　デンマーク　ドイツ　イギリス　ポーランド　スペイン　イタリア　ブラジル　ポーランド　メキシコ　フランス　アルゼンチン　ペルー　ロシア　イラン　インド　サウジアラビア　中国　ケニア　日本　韓国

出所：エリン・メイヤー『異文化理解力』英治出版、2015年

ここで大前提になりそうな「暗黙の前提」は何でしょうか。すぐに思い浮かぶのは「Z大学の人間は一般的に優秀だ」などでしょう。しかし、人事部長の真の大前提は、「自社にはこれからZ大学と産学連携を進める。その仲介となる人間が欲しい」ということだったのかもしれません。

人に何かを伝えたり、逆に伝えられる際には、こうした「暗黙の前提」の罠に陥らないよう意識することが大事です。

この罠が生じやすい場面に、異文化、特に他国の人間とのコミュニケーションがあります。

そうした国ごとの常識の差異に加え、ハイコンテクスト（文脈重視）の文化か、ローコンテクスト（文脈は重視せず、内容そのものを重視するか）の文化かといった差異があることは理解しておきたいものです（図18）。

キーワード
三段論法、大前提、ハイコンテクスト、ローコンテクスト

Basic

032 相手の立場で
関心と記憶しやすさを考える

情報洪水を
乗り切るのは
アテンション獲得と
記憶

解説

　現代はとてつもない情報洪水の時代です。とくに多数の相手に何かを伝える場合には、この情報過多を前提にコミュニケーションを考える必要があります。

　これを「アテンション獲得競争」（War for attentions）と呼ぶ人もいます。

　さらにアテンションを獲得したところで、忘れてしまわれてはこれまた効果が小さくなります。

　メールマガジンなどでまず関心を持ってもらうわかりやすい方法は、相手の頭の中に「？」が湧きあがるようにタイトルや導入を考えることです。

　これを実現する上でのポイントとして、想定される相手の関心や理解度を事前に想定し、どのようなフレーズに疑問を抱きそうか、考えるということがあります。

　頭の中に聞き手や読み手の具体像（ペルソナ）を描き、その具体像に響きそうなフレーズを考えるのです。

　なお、キャッチコピーの工夫で内容を読んでもらったものの、それそのものが陳腐だとかえって信頼を失いますから、過度なギャップがないというのは大前提です。

　次に、相手の「頭にこびりつく」よう、伝える内容そのものを工夫するということがあります。これは、アテンション獲得にも効果があります。

　そのためのフレームワークがいくつかありますが、筆者が意識しているのは INFRAN です。特に文章を書く際には強く意識しています。これは下記の英単語から 1 文字ずつ取ったものです。

Interest：相手の問題意識や関心に沿っている
Something New：相手にとっての目新しさがある
Focus：多くを語りすぎず、ポイントにフォーカスしている
Rhetoric：レトリック（修辞）が巧み
Aspiration：熱い思いや信念が伝わる
Nature：伝え手の人となりが伝わる

　現実にはすべてを盛り込むのは難しいのですが、このうち3つから4つ程度を意識して盛り込むだけでも相手の記憶への残り方は随分変わってきます。

　類似のフレームワークに、SUCCESs（の法則）というものもあります。これは、ハース兄弟が都市伝説なども題材に、「記憶に粘りつくメッセージ」について研究し、それらの共

通点（下記）から導き出した経験則です。

<u>S</u>imple：単純明快である
<u>U</u>nexpected：意外性がある
<u>C</u>oncrete：具体的である
<u>C</u>redible：信頼性がある
<u>E</u>motional：感情に訴えかける
<u>S</u>tory：物語性がある

　たとえばホテルのリッツ・カールトンには、リッツ・カールトンミスティーク（神秘）と呼ばれる数々の逸話があります。たとえば以下のようなものです。

「東京のホテルで固い枕を希望したら、次から世界中のリッツ・カールトンで固い枕を出されるようになった」

　これらは概ね SUCCESs を満たしており、だからこそ従業員や顧客の頭に粘りつき、それがサービスレベルの高さにもつながっているのです。

> **ワンモア・アドバイス**
>
> 　記憶に残す別の工夫に、語呂合わせや韻を踏むという手法があります。上記の SUCCESs はまさに語呂合わせの例ですし、4P や 3C、改善活動の 3M（ムリ、ムダ、ムラ）は頭文字を揃えた例です。
> 　組織分析のためのフレームワークの 7S——Strategy（戦

略）、Structure（組織構造）、System（経営システム）、Shared Value（共通価値観）、Style（組織文化）、Staff（従業員）、Skill（組織スキル）──などは、Sの韻を踏んでいるからこそ何とか思い出せるともいえます。

　ちなみに、グロービスでも、行動規範（取ってほしい行動パターン）や毎年の戦略を浸透させる上で、こうした工夫をしばしば用います。記憶に残す上で非常に効果的ですので、余裕があれば検討する価値は大きいといえるでしょう。

キーワード
ペルソナ、INFRAN、SUCCESs（の法則）、記憶に粘りつくメッセージ、3M、7S

Basic

033 相手に刺さる
具体的な「像」を植え付ける

アナロジー、イメージ、
ストーリーで
理解と定着を加速せよ

解説

　日常的なシーンで相手の理解を促進したり、記憶に長くとどめてもらう基本的な工夫の１つに、アナロジー（比喩）やイメージ、ストーリーの活用があります。

　アナロジーは、当然ながら事例の選択が鍵となります。たとえばある人物について説明する際に「織田信長と坂本龍馬を足して２で割ったような人」といえば、多くの日本人はいいたいところがすぐにわかるでしょう。

　しかし「小栗忠順のような人」では、歴史マニアにしか通用しません。相手の知識レベルも想定し、適切な事例を選択することが大切です。

　イメージは、視覚的な像を相手の頭の中に描き出すということです。その方法論として一番単純なのは、実際にイラストや写真、チャート、動画などを見せることです。それだけ

視覚への訴求は有効です。

　心理学や脳科学の研究でも、言葉だけで語られたことがすぐに忘れ去られるのに対し、**イメージや図表とともに語られた事柄は長期にわたって記憶に残る**ことが証明されています。

　さらに、イメージを喚起すべく相手に情報を生々しく伝え、記憶にとどめてもらう工夫にストーリーで語るという方法があります。

　通常は、好ましくない現在の状態から好ましい未来の状態に至る過程を具体性をもって説明するのが一般的です。

　ストーリーは登場する人物や事柄に関連性があるため、ランダムに事柄だけを伝えるよりも因果関係や順序なども理解しやすく、また記憶を呼び覚ますのも容易なのです。聞いた人が他人に説明しやすいというメリットもあります。

　ビジネスの現場では、特に近年になって、経営者が戦略がどのような影響をもたらすかを説明したり、セールスの場面で営業担当者が自社製品の効果をもたらす理由を説明したりする際にストーリーを活用することが増え、実際に効果をあげています。

　ここで紹介した３つや、前項で紹介した工夫を交えることで、自分の伝えたいことが相手の頭の中に「刺さり続ける」可能性を増すことができるのです。

キーワード
視覚への訴求

Basic

034 「一人語り」はコミュニケーションではない

受け手の行動を喚起しないコミュニケーションの価値は小さい

解説

　コミュニケーションの中には、単なる世間話や挨拶のように、人間関係を円滑にする上で重要ではあるものの、必ずしも相手（受け手）の行動を促さないものもあります。

　一方、プレゼンテーションやメールでの同僚への報告、指示などは、基本的に相手の行動喚起を目的とします。プレゼンテーションであれば相手に提案通りに動いてもらうことが主眼となりますし、メールでの指示も同様です。

　報告や連絡といった情報共有は、いますぐに相手の行動を促さないまでも、将来の行動の促進に向けた足場固めともいえるものです。

　相手を動かすという目的意識がないと、相手に対する配慮や関心も薄く、自分中心に考え、行動してしまいがちです。相手の状況にも無頓着で、ひたすら自分の話したいことを話

図19　コミュニケーションの受け手を意識する

受け手は誰？	受け手の感情の状態は？
受け手の関心は？	受け手の組織における役割や位置は？
受け手の知識レベルは？	伝え手と受け手の関係は？
受け手はどう反応しそうか？	

してしまいます。相手の抱えている課題・問題にも意識が行っていませんから、好ましい行動を促せる可能性はきわめて低いものになります。これでは生産的な仕事にはつながりません。

相手に期待する行動は、具体的に目に見えるものだけではありません。地ならし的なもの、たとえば興味を持ってもらう、共感を得るといった類いのものから、相手を牽制するといったものもあります。

ポイントは、目的を当然押さえた上で、関心や心理状態を知るということです。マーケティング施策を考える際に想定顧客のことを知るのと同様です。

これらを錯覚したり勘違いするケースは少なくありません。たとえば、相手の前職が業界でも有名な会社なので、業界の常識は知っていると思っていたところ、経理などの間接部門にいたので、あまり業界知識はなかったなどのケースです。

いずれにせよ、期待すべき相手の行動をイメージし、相手の状況も理解した上で、そこから逆算してコミュニケーションを考えることが必要です。

キーワード
プレゼンテーション、受け手の関心

Basic

035　メッセージファーストを意識する

PREPで
話せ

解説

　PREPとは、Point（結論）-Reason（根拠、理由）-Example（事例）-Point（結論の再掲）の略です。これはメッセージファースト（結論を先に述べよ）の考え方をさらに形式化したものともいえます。

　具体例で示すと以下のようなイメージです（飲料会社の社員が、商品開発部門の人間に提案をしているシーンを想定）。

P（結論）：弊社のこの飲料はもっと薄くすべき

R（根拠、理由）：実際に薄めて飲んでいる人が多いという調査もあり、競合製品はもっと薄味

E（事例）：私は氷で割っている、姪もそうする方が美味しい、薄めるのが面倒ともいっていた

P（結論の再掲）：飲料をもっと薄めにすることを提案したい

Chapter
4
⌄

マインドセット

情報収集・データ分析

意思決定

伝える

PDCA

　皆さんも長々と話をされて、「で、結論は何なの？　結論からいって」と苛立った経験はお持ちのはずです。それを避けるのが PREP の手法なのです。

　ちなみに新聞の記事も、スペース調整の都合から圧縮されることがよくありますが、前半から削除するのは構成そのものを変える必要があり面倒です。そこで重要度の高い結論や根拠を前半に書き、カットしてもいい箇所をなるべく後ろに書く方が効果的とされています。

ワンモア・アドバイス

　PREP は特に短時間での会話やプレゼンテーションでは重要ですが、状況にもよります。たとえば結論そのものが相手にとって望ましいものではない場合（相手が望まない業務変更を依頼するなど）には、まずは状況をしっかり共有してから、伝えにくい結論を最後に伝える方が有効なこともあります。

　また、ブログなどの記事では、関心を引く工夫はしつつも、オーソドックスな起承転結の散文方式で伝える方が有効なこともあります。

　四角四面に PREP を用いるのではなく、状況に応じてストーリーライン（伝える順番）を使い分けられる柔軟性も持ち合わせたいものです。

キーワード
メッセージファースト、ストーリーライン

Basic

036 要点に絞り込む

Less is More

解説

　多くのケースで、アウトプットはインプットの量に応じて
増える（More is More）という関係があります。

　一方で、増やさずに絞り込んだ方がかえって効果が上がる
（Less is More）という現象がしばしば観察されます。その
代表の1つが、人にものを伝えるコミュニケーションです。

　その大きな原因は、人間の情報処理能力の限界です。人間
は一度に多くのこと、特に目新しく理解が追いつかないこと
を一気にしゃべられても、咀嚼しきれないのです。

　伝えることを減らすことには別のメリットもあります。そ
れは、「間」や「溜め」といった、コミュニケーション上の
効果的な余白をつくりやすくなるということです。

　相手に質問時間を与える余裕もできますし、ゆっくりした
口調で大きな声でしゃべるということもしやすくなります。

■図20　1スライド、1メッセージ

メッセージ

コンサルティング営業アプローチに関して

コンサル営業は複数のスキルが連鎖して成り立っており、
それゆえに育成の工夫や役割分担が必要となることを理解すべき

作業の流れ

| 顧客の信頼を得る | 顧客から情報を引き出す | 顧客のニーズを推測する | ソリューションを提案する | 顧客の意思決定を後押しする | 信頼関係を強化して、次の提案につなげる |

必要な代表的スキル

対顧客コミュニケーション		ニーズ分析・ソリューション具体化		対顧客コミュニケーション	
・質問に迅速に答える ・顧客の好みや生活背景を覚えている	・過去の取引内容を押さえる ・世間話等をきっかけに、顧客の嗜好や情報を聞き出す	・家計状況、保有資産等を推測する ・将来設計とのギャップを踏まえ、興味のありそうな商品を推測する	・会話を無理なく提案に結びつける ・顧客の反応を見ながら、複数のオプションを提示する	・顧客の不安を察知し、リスク対応策を併せて提案する ・購買決定者への説得材料を提供する	・定期的に仕事抜きのコンタクトをする ・トラブル時に即座に対応する

　伝えすぎを防ぐためには、伝えたいことの優先順位を正しく認識することが最も大事ですが、最初からフォーマット（形式）に制約をかけるという工夫も多用されます。

　たとえばコンサルティングファームでは、討議資料を作成する際に「1スライド、1メッセージ」の鉄則があります。つまり、1枚のスライドでは、メッセージ（そのスライドで伝えたいこと）を1つ、通常は1センテンスに限定するということです。

　制約があるがゆえに、工夫を凝らす必要が生じ、「重要なことにフォーカスする」という意識をも強いものにするのです。

キーワード
More is More、「1スライド、1メッセージ」

Basic

037

言葉のセレクションが
人のモチベーションを左右する

魂は
言葉の選択に
宿る

解説

　結果を出すために人に動いてもらう立場になればなるほど、言葉の選択は重要になります。「できる人とは、言葉の力によって他者にエネルギーを与え、動かすことができる人」という方もいます。そうした役割を担う人間が言葉の選択に無関心ではいけません。

　どのような言葉を選択すれば相手の情動（感情）に働きかけ、エネルギーを与えられるか、しっかり考えることが大事になるのです。

　言い換えればレトリックをしっかり考えるということです。レトリックは「内容の貧弱さを補うテクニック」「本質とは異なる部分での技巧」のようにネガティブに用いられることもありますが、本来は「効果的な言語表現の技術」です。

　たとえばリンカーンの「人民の、人民による、人民のため

の政治」や、ケネディの「国があなたのために何をしてくれるかではなく、あなたが国のために何ができるかを考えよう」などは、「記憶に粘りつく」要素を持ちつつ、やはり言語選択の巧みさの効果を教えてくれます。

　日々、自分に響いた言葉をメモしておくことも効果的ですので、励行してみましょう。

ワンモア・アドバイス

　マーケティングやセールスにおけるキャッチコピーなども言語選択のセンスが非常に要求されるシーンです。「自分はキャッチコピーとかつくるのは苦手だから」といっている人は、「自分は言葉で人を動かすことができません」といっているようなものです。

　たとえばかつて公共広告機構（AC）の AIDS 検査（さらには感染予防）を促すための CM のキャッチコピーは以下のようなものでした。

　「カレシの元カノの元カレを、知っていますか？」

　AIDS という怖い病気を身近に感じさせ、かつ情動を刺激するという意味で秀逸なキャッチコピーといえるでしょう。これがもし「HIV キャリア（AIDS を引き起こすウイルスの感染者）は日本人の〇〇万人に 1 人」といったら「他人事」としか感じなかった人が多いでしょう。

　こうしたところにも事例はたくさん転がっているのです。いろいろと参考にしたいものです。

キーワード
レトリック、記憶に粘りつくメッセージ、キャッチコピー

Basic

038

自分の一挙手一投足が
何かを伝えていることに注意する

しゃべらないことこそ
メッセージになる

解説

　ここまでは、具体的に何を伝えるかということにフォーカスしてきましたが、最後に、しゃべらないことも実はメッセージになるという点について解説します。

　たとえばあなたがバーガーショップの店長だったとしましょう。そこで私語を話す若いアルバイトが多かったとします。もしここであなたが注意をしなかったら、「店長はこのくらいの私語は容認しているのだ」というメッセージが他のアルバイトに伝わってしまうということです。これは職場の規律を乱しますし、あなたへの信頼を傷つけるでしょう。

　つまり、常に職場の空気を察知して、「するべきことはする」ことで、好ましいメッセージを発し続けなくてはならないのです。

　筆者はかつて著名なコミュニケーションコンサルティング

の企業でトレーニングを受けたことがあるのですが、その時に言われた言葉で印象深かったのは以下です。

「ビジネスパーソンは、いったことややったことだけではなく、いわなかったこと、やらなかったこともメッセージになる」
「人は無意識にさまざまなメッセージを発信し続けている」

コミュニケーションというと、どうしてもいったこと、せいぜいやったことに意識が向きがちです。しかし、不作為（しないこと）は、それ以上に重要なメッセージとなって伝わる可能性があるという点を忘れてはなりません。

特に人を動かす立場になるほど、自分が思っている以上に他者から見られるものだという自覚を持つべきなのです。

ワンモア・アドバイス

言葉を介さない非言語コミュニケーション全般にも注意が必要です。

非言語コミュニケーションは言葉で伝えきれないニュアンスを伝えることができるというメリットを持つ半面、デメリットとして、言語以上に無意識に出てしまいやすいということがあります。

たとえば後輩が先輩に新しい企画案について相談した時に、言葉を発する前に難しそうな表情が垣間見えたら、「たぶん、何か問題があるのだろう」と後輩は感じるでしょう。これは彼／彼女を萎縮させるなど、悪影響を及ぼす可能性があります。

特に、人間は心の準備をしていないときには、無意識に非

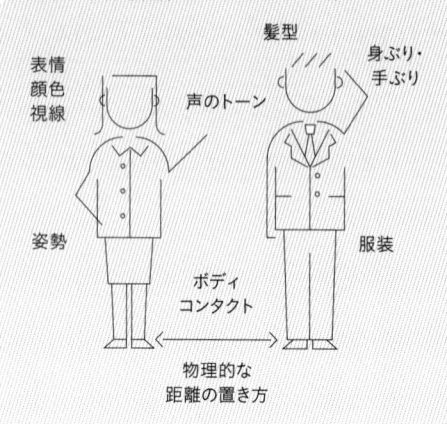

図21　代表的な非言語コミュニケーション

髪型
身ぶり・手ぶり
表情
顔色
視線
声のトーン
姿勢
服装
ボディコンタクト
物理的な距離の置き方

言語コミュニケーションに出やすいものです。非言語コミュニケーションは、場合によっては言語そのものよりも雄弁にメッセージを伝えることがあるという点とあわせて注意を払いたいものです。

　どうしても出てしまいがちな癖については、周りの人に指摘してもらうことが、単純ですが効果的です。

キーワード
不作為のメッセージ性、非言語コミュニケーション

実行スキル

ビジネスは行動に移し、
結果を出してこそ評価される。
評論家や傍観者では
企業価値向上に貢献しない

PDCAを回す

マネジメント、
戦略の計画と実行、
論理思考

行き当たりばったりを
脱却する

本Chapterでは、「最強のフレームワーク」ともいわれる**PDCA**（Plan-Do-Check-Action：**計画 - 実行 - 評価 - 改善**）に着目しながら、実行面に関して解説します。

PDCAはMBAの科目でいえば管理会計や、戦略の計画と実行（Planning & Implementation）などに登場しますが、それにとどまらず、マネジメント全般にわたって威力を発揮するフレームワークです。

中には、これにフォーカスしたコンサルティングファームもあるくらいで、それだけ形式知（文書に明示された知恵）だけではなく、暗黙知（文書に明示されていない、経験に基づく知恵）的なノウハウやスキルが存在する分野でもあります。

ここでは、そうしたノウハウ、スキルの代表的なものを紹介します。

実際、PDCAは、さまざまな時間軸や組織の階層に用いることができ、かつ成果にもつなげやすいツールです。業績のよい職場や結果を出しているビジネスパーソンは、PDCAをしっかり回すことを徹底しているものです。

たとえば、工場や営業の現場で、チームや個人単位で毎日目標を確認し、1日の終わりに振り返りをし、翌日以降の行動につなげていくのも、それを四半期や1年といったもう

少し長い期間で回していくのも PDCA の一環です。

　これらを全く行わず、行き当たりばったりに仕事をしていては結果が出にくいことは容易に想像がつくでしょう。

　筆者自身、組織に PDCA が浸透するにつれて、生産性や収益性があがるということを肌感覚で感じてきました。

　PDCA を回すことは、結果を出す上でのすべてではないものの、大きな意味を持つのは間違いありません。

　皆さんの職場で、あるいは皆さん自身がどのくらい PDCA を意識して仕事をしているか、そんなことも意識しながら読んでみてください。

Basic

039 一定レベルの「遊び」を残せ

スケジュールを
すべて埋めては
創造力が死ぬ

解説

　ビジネスにおいてスピードは非常に重要であり、同じ成果、あるいはプラスアルファも見据えた成果を出すなら、速いに越したことはありません。

　一方で、それゆえに陥りがちな罠として、実行計画の策定段階におけるスケジュールの詰め込みすぎがあります。

　慣れないうちは、個人レベルにせよチームレベルにせよ、キャパシティ（処理能力）の120%を使わないと回らないような計画を組むのではなく、状況にもよりますが6割から8割程度のキャパシティ利用度で済むように実行計画を立てるのが無難です。

　スケジュールの詰め込みすぎは、大きく2つのデメリットを生みます。

　1つは、立ち止まって考える時間が少なくなり、視野が狭

くなること、クリエイティブなことを考えるための余裕が取れなくなることです。

　特に創造性は、ある程度余裕がある時に生まれやすいことが知られています。ビジネスの場面では、既存の前提に縛られない創造性は常に求められます。それが計画通りにいかない時に、効果的な方向転換（ピボット）に結びつくことも少なくありません。その芽を摘まないためにも、余裕は必要なのです。

　もう１つのデメリットは、皆のスケジュールを詰め込みすぎると、どこかでトラブルが発生した時に、かえって大渋滞が発生するということです。これは制約理論、つまり、仕事の制約となる条件に注目し、スループット（全体としてのアウトプット量）をあげるための考え方などからも導けます。

　工事現場でいえば、どこかの現場でトラブルが起きた時に、他の現場に余裕があれば、人や機械を回したりできるのですが、皆がフルに動いていればそれができず、混乱や大渋滞を巻き起こし、全体の生産性を下げてしまうということです。

　これらのデメリットを避ける上でも、適度な「遊び」やバッファーを持っておくことが、かえって効果的なことも多いのです。

キーワード
ピボット、制約理論、スループット、バッファー

Basic

040 数字の力は大きい

目標は
方向性ではなく
到達地点で語れ

解説

　PDCAはP（Plan：計画）からスタートします。PがしっかりしていないとPDCA全体が非効率になってしまいます。Pが効果的ではない典型的なケースに、「方向性は語っているけど、到達地点がアバウトにしか語られていない」というケースがあります。

　到達地点が数字で語られていないというケースが多いのです。

　企業全体の目標であれば、予算策定や採用計画も立案しなくてはなりませんから、売上をはじめとする重要な経営指標の目標は、202X年ビジョンや5カ年計画、単年度の計画などで数字化されています。

　ところが、個人ベースになると、このあたりがかなりアバウトになりがちです。営業であれば「来週はもっと顧客の

DMU（Decision Making Unit：購買意思決定者）に会うようにする」などです。

　方向性としては間違っていないとしても、数字による具体的なイメージが湧きませんから、どのくらいの時間をかけて何をすればいいのかがピンときませんし、それを達成したかどうかも曖昧になりがちです。これでは PDCA は最初からつまずいてしまいます。

　これが、「先週は 1 人の DMU にしか会えなかったけれど、今週はバックオフィスの業務を効率化して営業時間を 25％増やし、訪問客に効率的に紹介してもらうように粘って商談することで、3 人に会う」とすれば、やるべきことも、達成したかも明確になるので、次にも活かしやすく、上司も指導が容易になります。

「頑張る」「努力する」などはあくまで姿勢であって、目標ではありません。「連携する」「検討する」なども単なる方向性であり、目標としてはあまり意味がないのです。

ワンモア・アドバイス

　「再構築する」のように、一見高尚なことをいっているようで、実は内容の乏しい言葉を「ビッグワード」「思考停止ワード」などと呼びます。これは、PDCA を回す場面に限らず、通常はあまりよい結果をもたらしません。人によって解釈が極力異ならないような表現、そこで思考が止まってしまわないような言葉の選択を心がけたいものです。

キーワード
予算、ビジョン、5 カ年計画、DMU、ビッグワード

Basic

041 そのプランの前提は変わっていませんか？

目標そのものの
妥当性を問え

解説

　ビジネスで目標を達成することは望ましいですが、そうで
ないケースもあります。典型は、中期的な目標が妥当性を失っ
ているにもかかわらず、その目標に短期的にもこだわり続け
るというケースです。

　たとえば食品メーカーの大手小売チャネル営業担当者の
ケースを考えてみましょう。

　担当先の経営課題が変わり（例：核家族向け商品よりも、
単身世帯向けの商品を増やしたい）、自社の商品とは別カテ
ゴリーの商品により多くの棚スペースを割かなくてはならな
くなったとします。

　そのような状況で、当初の売上や棚スペース確保の目標に
こだわって強引な営業をすることは好ましくありません。企
業間の力関係から「押し込み営業」で数字を達成できたとし

ても、長い目で見ると信頼関係を損ないます。

　こうした場合は、頭を切り替え、目標の妥当性そのものを疑い、場合によってはそれを変更することが必要です。たとえばいったん売上数字の優先順位は落とし、チャネルとの中期的関係構築の優先順位を上げるよう関係者と相談するなどです。

　一般に日本企業はこうした目標の切り替えが苦手といわれています。「ムービング・ターゲット」（動く標的）の設定が苦手ということです。

　ちなみにこれは、第二次世界大戦で日本が負けた理由の一つともされています。アメリカ軍が戦況に合わせて柔軟に目標を変えたのに対して、日本軍は最初の（無謀な）目標にこだわりすぎ、目標の再設定ができなかったという指摘があるのです。特にいったん敗勢になってからも当初の目標にこだわったことは、多くの人の命を奪うことになりました。

　ビジネスでも、プランは環境が変化すれば、適宜改訂（ローリング）すべきものです。

　そのためにも、顧客ニーズや競合の動向などに敏感になり、現在の目標が適切なのかを客観的に見る習慣が大切です。

キーワード
ムービング・ターゲット、ローリング、顧客ニーズ

042 ワークするプランを考え、共有する

実行計画は
可視化が鍵

解説

　プランには、年度計画や予算のようなタイプのものもあれ
ば、それに向けての実行計画もあります。

　大枠としての計画を立て、その上でより実務的な実行計画
を立てるのが一般的です。実行計画がうまく立案できない場
合は、元の目標や計画を見直したりして、最終的に全体の整
合性を取っていきます。

　実行計画にもさまざまなレベルがありますが、共通するポ
イントは、想像力を豊かに持ちながら、「本当にこれが機能
するか?」を頭の中でイメージすることです。

　その上で、「アサインメントは妥当か」「誰かに過度な負荷
はかかっていないか」などチェックリストをつくり不備がな
いかを確認していくと実効性のあるよい実行計画となります。

　なお、時間軸や役割分担、場合によってはクリアすべき課

Chapter
5

マインドセット

情報収集・データ分析

意思決定

伝える

PDCA

図22 ガントチャート

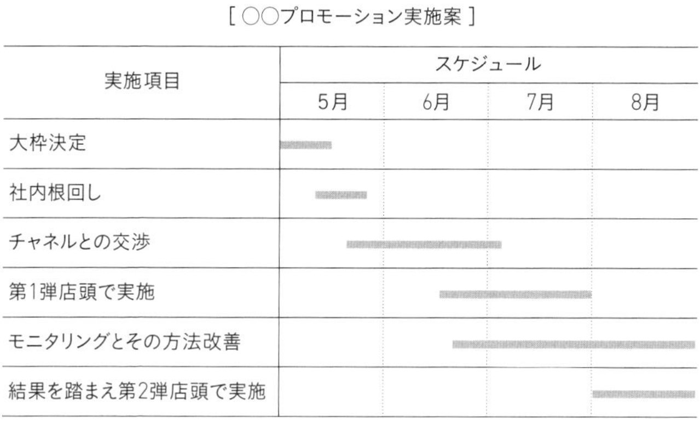

[○○プロモーション実施案]

実施項目	スケジュール			
	5月	6月	7月	8月
大枠決定				
社内根回し				
チャネルとの交渉				
第1弾店頭で実施				
モニタリングとその方法改善				
結果を踏まえ第2弾店頭で実施				

題を含めて可視化するツールに**ガントチャート**（図22）が
あります。関係者に説明もしやすくなりますし、PDCAも
実行しやすくなります。もともとの計画の妥当性のチェック
にも役立ちますし、日々や週単位でのTo Do（やるべきこと）
の確認にも使えます。

ワンモア・アドバイス

　実行計画の前提となる、経営目標としての計画も大切です。
世の中の計画全般を見てみると、裏付け（根拠）のない希
望観測的な「対前年○○％アップ」の数字が踊っているだけ、
というものが少なくありません。悪くいえば「数字遊び」です。
　PDCAのスタートとなるという意識を持ち、根拠のあるよ
きプランやそのためのプロセスをつくる意識が必要です。

キーワード
ガントチャート、To Do

Basic

043 論理性と想像力が両輪

ロジック＆
イマジネーション

解説

「ロジック＆イマジネーション」（論理性と想像力）という
言葉は、職場やチームとして何らかのアクションや施策を立
案するに当たって広く用いられる言葉です。

　まず論理性ですが、特に重要なのは費用対効果の高さと矛
盾がないことです。

　とくに費用対効果は、生産性を高めることとも直結する、
きわめて重要なテーマです。合理性とかなり近い意味と考え
てもかまいません。可能であれば、ラフな試算でもいいので、
機会費用（あることを行ったことで、実現する機会が奪われ
たその他の最善の行動や結果）も含め、そこにかかるコスト
と、得られるリターンを天秤にかけて、本当に理にかなって
いるかを検討してみるといいでしょう。

　論理性でもう 1 つ重要なのは矛盾のなさです。「チャレンジせよ、しかし失敗は許されない」といったおかしなことをいっていないか、しっかり確認しましょう。

　イマジネーションは、皆が意図する方向に動いて結果につながるか、という想像力が重要です。これを磨くには、顧客や社内の関係者と接点を持ち、生の声を聞くことが大事です。

　もう 1 つ意識したいのは**「行為の意図せざる結果」**を招かないよう気をつけることです。

　たとえば、インターンに簡単な聞き取り調査をさせるとして、評価数値の 1 つに「毎日の電話聞き取り件数」を入れたら、最終アウトプットには結びつかなくても、電話数だけは増やそうという人間が一定数出るものです。

　それをある程度許容できると考えるのか、それとも最初から避けるべき行為とみなすのかは大事な判断です。

　行為の意図せざる結果の例はいたるところに溢れています。ある企業では「勉強時間も評価してほしい」という若手の声を受け入れ、評価項目に取り入れました。しかし、その結果、アウトプットに結びつかない勉強に時間を費やし、評価を上げようとする人間が増えて、すぐに制度を変えたといいます。

　そうした反面教師的事例に学び、人間がある行動を取ってしまう（取らせてしまう）動機に対する感度を増すことが必要です。

キーワード
費用対効果、機会費用、行為の意図せざる結果、動機

Basic

044　重要なモレがないかの確認を怠らずに

Enough?

解説

　具体的な行動計画を立て、さまざまな観点から必要な施策を網羅する際に忘れてはいけない質問が、「Enough?」（十分か？）、あるいは「Good Enough?」（概ね十分か？）です。「重要な見落としはないか？」ということを確認する質問であり、コンサルティングファームなどで実行支援計画を策定する際にも用いられます。

　たとえば、職場にアルバイトの人が来ることになり、あなたが面倒をみることになりました。彼／彼女に力を発揮してもらう上で何を考えておくべきでしょうか。

　まずは、依頼する業務、マニュアルの準備、パソコンや名刺などの事務手配。これらはすぐに気がつくとしましょう。ここで「Enough?」の質問をしてみるわけです。この際も、頭の中でビビッドに（生々しく）イメージを描くと有効です。

このケースでは、

・他部署の、業務で接点を持つ人への説明
・自分自身の指導の仕方をはっきりさせる

といったことが必要と気づくかもしれません。

　見落としを防ぐ上で有効なのが、フレームワークです。たとえば新商品のプロモーションを行う際に、**AISAS**（Attention-Interest-Search-Action-Share：注意 - 興味 - 検索 - 購買 - シェア）という顧客の態度変容プロセスを示すフレームワークを知っていれば、
「ネット上での SEO 対策を忘れていた」
「SNS でシェアするためのボタンを入れるのを忘れていた」
　という見落としは避けられます。

　実行計画も通常は変更されていきますので、最初から精緻にすべてを確定させてしまう必要はありません。

　しかし、実際に始めてしまってから、大事な項目について「しまった、これは全然検討していなかった。どうしよう」というドタバタ劇に陥ることはやはり避けたいものです。

　そうならないための備えとして、事前に「十分か？」の質問をし、大事な項目はもれなく洗い出して検討することがやはり大切です。

キーワード
Good Enough?、フレームワーク、AISAS、SEO

Basic

045 「期待通り」ではつまらない

計画は
期待値越えを
前提に

解説

目標がある程度妥当だとすると、多くの人はその目標をクリアすべく実行計画を立てるものです。それ自体は決して悪いことではないのですが、上司や顧客の期待することを期待通りにこなすだけでいいかといえば答えは NO です。

アメリカの GE やアマゾンのように、元々与えられる目標がかなりストレッチした高いものであれば話は別ですが、多くの日本企業では、必ずしもそこまで挑戦的な目標が設定されるわけではありません（いわゆるブラック企業やブラックな顧客ほど、目標設定は高めになります）。

多くの人間は易きに流れますから、本来もっと実力が出せたところでも、ほどほどの成果で満足するようになってしまい、気がつくとそれに慣れきってしまいます。これはもったいない話です。

　ビジネスパーソンとして意識したいのは、上司や顧客の期待を何かしらの面で越えるような、プラスアルファを生み出せるようにストレッチした計画を立てることです。

　プラスアルファはいわゆるQCD（クオリティ、コスト、納期・数量）に関わるものがわかりやすいでしょう。

・質の高い仕事をする
・少ないコストや手間暇で結果を出す
・より速く多くの仕事をする

　といったことです。

　業態によって差はありますが、一番手っ取り早いのは仕事を終えるまでのスピードです。チャレンジングではありますが、納期の9割くらいで仕事を終わらすような実行計画が組めないか検討してみるといいでしょう。

　通常は、このように生産性を高めようとすると、自ずとChapter7で説明するような仕組み化にも取り組まざるをえないものです。

　さらに余裕があれば、アウトプットの質をあげる工夫を検討したり、Chapter9で説明するような新しい事業アイデアを提案するのもいいでしょう。

　「彼／彼女は生産性が高いから、もっとストレッチした仕事を与えないと損だ」と思ってもらえるかが鍵です。ぜひ自らにちょっとしたストレッチを課すよう意識してみましょう。

キーワード
GE、アマゾン、ストレッチ、QCD

Basic

046 適切な軌道修正がPDCAの鍵

PDCAは
CAをやってこそ

解説

　PDCAのプロセスはもちろんどれも重要なのですが、ある程度成長した企業になると、さすがに全くP（計画策定）を実施していないところはありません。また、D（実行）も通常はその計画を意識しながらなされているものです。

　しかし、筆者らの経験では、**P→Dまではある程度実施していても、効果的にC→Aを行っている組織は意外に少ない**ものです。

　中には、C→Aは実施しているものの、対応が遅く、毎年、最終四半期になると売上達成のためのコンテンジェンシープラン（緊急時対応計画）が発動されるという会社もあります。

　そうなるくらいなら、もっと早めに対応しておけばよさそうなものですが、人間はお尻に火がつかないと、なかなか真剣度があがらないのです。

　Ｃは、いわゆる差異分析や進捗管理であり、計画と結果の差異を見きわめることです。Ａはそれを踏まえた行動修正です。Basic041で説明したように計画そのものを見直すこともありますし、計画が妥当であれば、その計画とのギャップ（例：受注不足やコスト超過など）を埋めるための対応を考えることになります。

　もし皆さんがチームやプロジェクトなどで周りを引っ張る立場、あるいは進捗管理をする立場にあるのなら、まずは小さくでもいいので、このＣ→Ａをしっかりやってみることをおすすめします。

　計画とそこまでの結果の差異を分析し、時間配分を変えたり、つぶせる問題をつぶすなど次の行動に反映するという行為は地味ですが、てきめんに効果が出ます。

　効果が出れば、周りも注目します。そうした行為が広がっていけば、組織の生産性をあげることにもつながります。

ワンモア・アドバイス

　特にＣ→Ａが甘くなりがちなのが、結果を数字で測定しにくい仕事（例：経理・総務など）や、他部門の影響を受けやすい仕事（例：物流など）です。ただ、それでは組織の中に「温度差」が生じ、組織全体の緊張感を削いでしまいます。

　そうした仕事をしている部門や人間こそ、工夫して目標をわかりやすく設定したり、目標との差異がどのような原因で生じたのかをしっかり見きわめることが大事です。

キーワード
コンテンジェンシープラン、差異分析、進捗管理

Basic

047

魅力的なプランや施策も実行されなくては
何の意味もない

経営は実行

解説

「経営は実行」は、元 GE の副会長のポジションで、ジャック・ウェルチ会長の右腕として活躍し、後に CEO としてアライド・シグナルを立て直したラリー・ボシディの著書のタイトルでもあります。

彼は、アライド・シグナルの立て直しに当たって、それまでの経営者が買収などの華々しい方法で結果を出そうとして失敗したのに対し、結果を出すマネジメントに徹することで V 字回復を実現しました。

ボシディ氏の哲学は非常にシンプルです。どれだけパワーポイントなどで綺麗な戦略や施策を打ち出したところで、それだけでは意味を持たない、実際に実行に移され、結果を伴ってこそ経営（マネジメント）といえる、というものです。

筆者も長年、いろいろな企業の経営について見てきました

■図23 施策の有効性

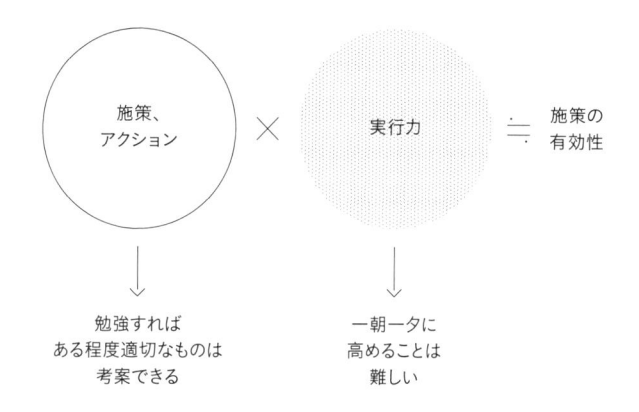

が、全く同感です。環境変化が早まり、特定の戦略やビジネスモデル、あるいは個別施策の賞味期限が短くなる昨今、その傾向はますます強まりつつあるともいえます。

　ボシディ氏が特にこだわるのは、PDCA の中でも、達成可能かつストレッチした計画と、それに向けての徹底したフォローアップです。

　具体的には、進捗確認、相談、動機づけなどです。これについては次の Chapter で詳しく紹介します。

　実行力は、天性のものではなく、ある程度までは学びうるスキルであるとされ、近年さらに方法論が模索されています。

　生産性を高める上でも、そうしたスキルを日常業務の中で獲得し、高める意識が必要です。

キーワード
ビジネスモデル、フォローアップ、実行力

やり抜く

リーダーシップ、
戦略の計画と実行、
アントレプレナーシップ

約束した結果を
確実に出す

　Chapter5 の Basic047 で紹介したラリー・ボシディ氏は、著書『経営は「実行」』の中で、最後までやり抜くことの重要性を説くと同時に、そのためのフォローアップをいかに行うかについて、具体例も交えながらかなりのページ数を割いて説明しています。

　本Chapterでは大きくこの２点について紹介していきます。

　MBA の科目でいえば、戦略の計画と実行、あるいはリーダーシップなどで学ぶエッセンスが大きく詰まっている部分です。

　リーダーシップ論のもう少し詳細な内容は Chapter8 の冒頭で少し触れますが、一度決めた目標をしっかりやり抜くように人々を支援することも、リーダーシップという機能の大事な要素なのです。

　ルノー・日産の会長であるカルロス・ゴーンも、「コミットメント」（確約すること）を強調し、いったん決めた目標はよほどの環境変化がない限り、知恵と汗を振り絞って達成することを強く求めています。

　もちろん、最初の目標を盲信せず、時には目標そのものを疑う姿勢も重要です。しかし、しっかり考えた上でコミットした目標については、逃げずにやり抜くことが必要です。

　フォローアップ、すなわち進捗確認や相談、動機づけなど

は、目標を達成する上で大切な鍵となります。ここでは、最後までやり切ってもらう上でのスキルや、フォローアップのコツなどについて解説していきます。

　また、やり抜くことと関連する抵抗者の説得についても触れます。

Basic

048

「放っておいても予定通り進むだろう」ほど
危険なことはない

フォローアップなくして
目標達成なし

解説

　多くの組織において実行力が伴わない大きな理由の1つがフォローアップ不足です。

　フォローアップとは単なる進捗確認ではありません。PDCAのC→Aに当たる問題の特定やその解決法を議論したり、適宜動機づけを行うこともフォローアップの大事な要素です。これらを面倒くさがらずに行うことが、目標達成の可能性を劇的に高めます。

　フォローアップの方法には大きく、ワン・オン・ワンのミーティングと、多くの人数が参加する会議の2つがあります（メールも用いますが、エッセンスは同じなので、ここでは割愛します）。

　ワン・オン・ワンのミーティングが向いているのは、個人レベルの問題解決について丁寧に議論したい時や、「NG」

Chapter
6
⌄

やり抜く

仕組み化

人に任せる

アイデアとビジネス

学び続ける

の行為をした人に対して注意したい時などです。

　頻度については、状況（相手の習熟度や仕事の緊急性など）にもよりますが、通常は自分の生産性を損ねない範囲で、こまめに行うことが効果的であるということが欧米企業などでの研究結果からは示唆されています。

　多くの人間が参加する会議については、まずは頻度や参加者の特定をしっかり行います。その上で、事前にアジェンダ（討議項目）を設定・共有します。会議はダラダラと長引かせずに素早く切り上げ、現場での活動を重視しましょう。

　限られた時間を有効活用すべく、単なる情報共有などは事前にメールやファイル共有などで行い、会議の場は前向きなアクションを討議する場とすると効果的です。

　議事録はしっかり共有し、次の会議までに誰が何をすべきかをしっかり確認することが大事です。実行力の弱い組織や人はこの部分がたいていアバウトです。

　若手がこれをしっかり行うと、自ずと中堅社員もそれに倣うものです。自ら率先して会議の実行力を高める場にすることで、組織の生産性も確実に高まるのです。

ワンモア・アドバイス

　議事録の効用として、フォローアップでの決定事項をより「公式」のものにすることができ、当事者意識や達成意欲を喚起することがあります。

　また、「決定事項が歪められて伝わる」「関係者の認識がずれる」「責任の所在が曖昧になってしまう」といった事態も避けられます。そのためにも、次の要素を記した議事録の共

有はしておくことが望ましいのです。

・何が決まったか（あるいは決まらずに継続討議となったか）
・誰が何を担当するのか
・どのような数値をモニタリングするのか（そしてその数値は今回どうだったのか）
・付帯意見や当事者としての感想

　なお、議事録は、単に参加者間で共有するだけではなく、広く関係者に公開することも効果的です。それにより、透明性が高まるとともに、メンバーの当事者意識や責任感も高まるからです。

　また、広く情報を共有することで、アドバイスをもらえたり、何かあった時に知恵や力を貸してくれる人間が増えるというメリットもあります。筆者も実際、「あの件だけど……」と別の部署の人間からアドバイスをもらった経験は数知れません。

Chapter
6

やり抜く

仕組み化

人に任せる

アイデアとビジネス

学び続ける

キーワード
ワン・オン・ワン・ミーティング、アジェンダ、議事録、透明性

Basic

049 バラバラの管理は非効率

スケジュールと締め切り、 To Doを確認せよ

解説

多くのビジネスパーソンは、自分のスケジュールや締め切り、To Do には意識が向くものですが、仕事を任せる人(アシスタントやアルバイトなども含む)のそれについては往々にして無関心になりがちです。

その結果、自分の仕事はそれなりに進んだものの、仕事を任せた人がついてこられないという事態が生じることがあります。これでは全体として生産的な仕事になりません。

フォローアップの際には、まず彼らの稼働度合い(稼働率)を確認した上で、彼らのスケジュールや締め切り、To Doを同時に確認すると効果的です。

Google カレンダーなどのスケジュール管理・共有ソフトを用いれば効果的にフォローアップができます。

　なお、仕事のできる人間は、どんどん別の仕事を任されることが少なくありません。

「Ａさんは、２週間前にはこのくらいのスケジュールしか埋まっていなくても、すぐにいっぱいになる。一方、Ｂさんの稼働度合いはコントロールしやすい」といったことを理解しておくと、仕事の振り分けや依頼がはかどります。

ワンモア・アドバイス

　スケジュールや締め切り、To Do の管理は、会社の外部へ業務を委託する際（アウトソーシングなど）にも応用可能です。実務的には彼らのスケジュールをすべて公開してもらうことはできませんが、何かのプロジェクトについて、最終アウトプットに向けて、期待成果と納期（複数のマイルストーンを置く）、工数（人・日など）を出してもらい、それが予定通りに進んでいるかを確認することは非常に大切です。

　実際、「仕事の質は高いけど、締め切りはルーズ」という外注先は少なくないものです。

　そうした人や組織は、往々にして間際に馬鹿力で仕事を片づけようとします。これでは最終成果物のレベルも下がりがちですし、望ましい姿ではありません。

　外注先だからと丸投げするのではなく、適宜中間成果物や予定なども出してもらいフォローアップすることも、組織の垣根が下がり、外部との協業が増えてきた昨今、非常に大切です。

キーワード
稼働率、スケジュール管理、アウトソーシング、マイルストーン

Basic

050 相手は機械ではなく
人間であるという意識を持つ

人のケアと
仕事のケア

解説

　フォローアップは有効なのですが、往々にして陥りがちな
罠として、あまりに機械的に仕事面だけに意識を向けて人に
接してしまうということがあります。

　短期的には業務が進捗しても、ギスギスした職場になり、
長期的な生産性があがらなくなっては元も子もありません。

　それを避ける上で役に立つフレームワークに、三隅二不二
氏が提唱した **PM理論** があります（図24）。

　これは元々リーダーのタイプ分けのフレームワークですが、
自分がどこに重きを置きがちか、得手不得手はどこかを確認
するフレームワークとしても応用可能です。

　P行動は、計画を立て、指示を出し、目標達成に向けてフォ
ローアップするなどの行動です。

■ 図24 PM理論

		pM型 （M行動のみ高く バランスが悪い）	PM型 （P行動もM行動も 高い理想像）
（集団や組織の維持・強化） M行動	高		
	低	pm型 （P行動もM行動も 低く不適切）	Pm型 （P行動のみ高く バランスが悪い）
		低	高

P行動
（目標の達成）

　一方、**M行動**は、人間関係を円滑にしたり、調整する行動
です。キーワードは人に対する「配慮」で、職場の雰囲気や、
組織やチーム存続を重視する行動ともいえます。

　最も好ましいのは、右上のPM型で、目標達成にも、よ
き組織・人間関係づくりにも目が向いている状況です。

　ただし、全員がこのタイプになれるわけでもありません。
若手のビジネスパーソンなどは、自分が「これはまだ苦手」
というものがあれば、上司や同僚に手伝ってもらうなど工夫
するとよいでしょう。

キーワード
PM理論、P行動、M行動

Basic

051　活力なくして結果なし

エネルギーを
コントロールせよ

解説

フォローアップの場面はもちろん、仕事を進める上で重要な要素に、自分と関係者のエネルギーをコントロールするということがあります。

特に比較的難易度の高い仕事では、初期は興奮によりエネルギーレベルが高いのが普通ですが、途中では、結果が出たり出なかったりし、エネルギーレベルも揺れ動くものです(図25)。多少の上下はあるにせよ、途中でどん底に落ちたり、最終的に下がって仕事そのものの結果が出ないということは避けなければなりません。

ここでのポイントは、本人が結果を出すことに向けて高いエネルギーを持つことと、人々にエネルギーを吹き込むことの両方です。

Chapter
6

やり抜く

仕組み化

人に任せる

アイデアとビジネス

学び続ける

図25 エネルギーレベルの乱高下

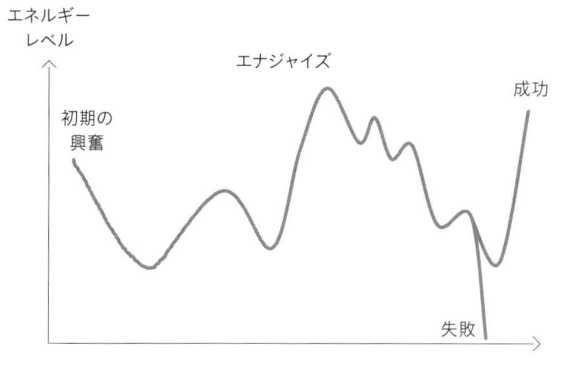

　ちなみに、著名な経営者のジャック・ウェルチがCEOを務めていた時代のGEは「リーダー輩出機関」としても知られていましたが、リーダーの条件として「4E」という言葉がありました。そのうちの2つはまさにエネルギーとエナジャイズ（エネルギーを与えること）だったのです（他2つはExecution：実行力、Edge：ぶれない決断力・行動力）。

　では、自分自身のエネルギーはどうすれば高められるでしょうか。1つの有効な方法は、自分自身が強い使命感を持てるような自問をすることです。たとえば次のようなものです。

使命感を再確認する質問
「自分は何をしたいのか？　何をしているときに生きがいを感じられるのか？」
「この会社に入ったとき、自分は何をしたかったのか？」

自分のパフォーマンスを再確認し、鼓舞する質問

「5年後の自分がいまの自分を見たら、褒めるだろうか？叱咤するだろうか？」

めげそうな時ほど、自分を鼓舞する問いかけは効果的です。

また、体の状態が不調では仕事を進めるエネルギーも湧きませんので、常日頃から食事等に気を遣い、体調を管理することも大切です。

一方、人々にエネルギーを吹き込む典型的な方法には以下のようなものがあります。

- ワクワクするような目標を設定・提示・共同策定する
- 現在の仕事の意義や価値をしっかり理解してもらう
- 上記の質問を相手にも投げかける。それによって適度な渇望感を与える
- 小さくていいので成功体験を積み（small success）、関係者間で共有する。それによって「できる」「もっとやりたい」という感覚を持ってもらう。小さな成功を実現するために、「成功しやすい仕事」を見つけ、そこで確実に結果を出す
- 顧客やパートナーからの喜びの声を伝えることで「自分は何かに貢献している」という意欲を持ってもらう
- 仕事をする中で感激した「嬉しかった話」を共有する。それによってポジティブな気持ちを伝搬させる

なお、他者にエネルギーを与えるのがうまい人の典型的な共通点として、以下のことが指摘されています。上記の具体的な方法論の実践とあわせ、意識しておくとよいでしょう。

・笑顔を絶やさない、ムードメーカーである

・他者が活躍するのを助けることをいとわない

・言動が一貫しており、偽りがない

・機会を見出すことに長けている

・謙虚で、感謝する気持ちがある

キーワード
ジャック・ウェルチ、GE、エナジャイズ、使命感、small success

052　やり抜く力も学びうる

GRITを
高めよ

解説

　GRIT は、度胸（Guts）、復元力（Resilience）、自発性（Initiative）、執念（Tenacity）の頭文字を取ったもので、「やり抜く力」のことです。

　ペンシルベニア大学の心理学教授、アンジェラ・ダックワースが提唱した、科学的な裏づけに基づく概念であり、IQ（知能指数）よりも人々の成功に寄与するとされています。

　ポイントは、持って生まれたレベル感にはもちろん差があっても、大人でもある程度は後天的に伸ばすことができるという点です。

　GRIT を伸ばす鍵は、情熱を注げる対象を見出すとともに、社会性の高い（利己的ではなく利他性の高い）目標を持つこと、そしてそれに向けて計画された（行き当たりばったりではない）訓練を集中力を持って積み、PDCA を回しながら

GRIT を高めていくことです。

　たとえば将来的に経営者として社会に貢献したいと考えるのであれば、経営者に必要な経営知識を学ぶことはもちろん、コミュニケーション力を高めたり、リーダーシップを伸ばすトレーニングを地道に積むということです。

　至極当たり前のことのようにも聞こえますが、長い目で計画的な訓練を積むのは通常は容易ではありません。だからこそ、それを計画、実行することに価値があるのです。

　こうしたことに加え、以下のようなちょっとしたコツを同時並行的に実施することも有効とされています。

・月単位で To Do リストをつくり、まず 1 つを確実に終え、前に進んでいるという感覚を持つ
・早朝や夜など、30 分から 1 時間だけ頑張って自分に課した To Do をこなす
・「自分はできる」と自己暗示をかける
・結果が出ないときは、「どうすべきだったか」を自問する
・居心地のいい「コンフォートゾーン」をあえて抜け出し、ちょっとした負荷をかけてみる
・周りにロールモデル（目標達成のために参考になる人物）となる人間がいたら、真似できる部分は取り入れる

キーワード
復元力、自発性、利他性、コンフォートゾーン、ロールモデル

Basic

053　反対者をうまく取り込む

正論と寝技

解説

　結果を出す上で面倒なのは、その施策に対する反対者、俗にいう抵抗勢力の扱いです。

　抵抗する理由としては、自分が不利益を被る、新しい施策が自分の価値観に合わない、変わるのが面倒、不安などが考えられます。

　生産的なマネジャーや、職場の改革などを主導した方と話していて感じるのは、反対者を説得したり懐柔するのがうまい人は、各人が抵抗する理由をうまく見分け、それに合った対応を取るということです。

　変革論で有名なジョン・コッター教授は、アプローチを使い分けることで抵抗勢力に対すべきと提唱しました。

　たとえば「変わることが不安」という人に対しては「実際にはそれほどリスクはない。十分なサポートもある」という

Chapter
6
⌄

やり抜く

仕組み化

人に任せる

アイデアとビジネス

学び続ける

▌図26 アプローチの使い分け

アプローチ方法	効果的な状況
教育とコミュニケーション	情報が不足している、あるいは不正確な情報と分析結果しかない
参加促進	変革の先導者が、必要な情報を全部掌握していない。相手の抵抗パワーも弱くない
手助け	新しい環境に適応できないことが、抵抗の原因になっている
交渉と合意	変革の結果、明らかに損をする関係者がいる。その勢力が大きな力を持っている
策略と懐柔	他の方法がうまく機能しない、あるいは費用対効果が低い
有形無形の強制	スピーディな変革が不可欠で、かつ変革のリーダーが大きな強制力を持っている

出所：J.P.コッター『リーダーシップ論』ダイヤモンド社、1999年にグロービス加筆修正

ことを説明すれば、多くは納得してもらえます。図26でいえば、「教育とコミュニケーション」「手助け」などを用いているわけです。

　一方、このアプローチは「自分が不利益を被る」といった人にはあまり機能しません。そうした人々に対しては、「正論」を武器にした粘り強い説得が必要になります。図26の4つ目の「交渉と合意」に近い感じです。「ここでは確かにあなたは損をするかもしれないけれど、この部分では得をするように取りはからう」といったイメージです。

　ポイントは「正論」であるということです。全体として**最終的にプラスになるということがある程度は自信を持っていえないと、説得力は出ません**。それを考え抜いた上で、「結局は皆がハッピーになるから」と膝づめで粘り強く説得することが必要です。

もちろん、それでも動かない人は動きません。その場合には「寝技」ともいえる策略的アプローチや強制的アプローチを使う必要性も出てきます。

　若いビジネスパーソンの場合、いきなりこれを使うことは難しいでしょうが、上司や力のある関係者（顧客内のキーパーソンなど）をうまく動かすことで外堀を埋めたり、相手が抵抗しにくい環境をつくることも状況によっては必要になります。

　その際に鍵になるのは冷静な状況把握と俯瞰的思考です。俯瞰的思考とは、一段視座を高めて全体を見渡す思考法で、メタ思考の要素ともいえます。

　その上で、自分一人で問題を抱え込むのではなく、うまく協力者を見つけ、サポートしてもらうことが大事です。

キーワード
抵抗勢力、ジョン・コッター、俯瞰的思考

成長スキル

自分自身の成長とともに、
組織や周りの成長に貢献し、
全体の生産性を高める

仕組み化

オペレーション戦略、
問題解決、
経営戦略

組織全体の
生産性を高める

　本 Chapter では、個人として、さらには職場としての生産性を劇的に高める可能性を持つ「仕組み化」について解説します。

　これは MBA の特定科目に紐づけることが難しく、経営戦略やオペレーション戦略など、多岐にわたる分野の知恵を集積したものといえます。また、アカデミックの研究以上に、現場の知恵の結晶という側面も大です。

　あえていえば、オペレーション戦略の考え方は基本として知っておくといいでしょう。これはプロセス管理や業務の効率化、スループット（全体としての処理量）の最大化などを扱うと同時に、そのバージョンをいかにあげていくかを学ぶものであり、IT 化の進む昨今、企業の経営戦略の大きな柱ともなりつつあります。

　仕組み化は、個人レベルでも重要ですが、職場や会社に応用可能な仕組み化はよりインパクトを持ちます。

　実際、いつまでも自分が同じ仕事をし続けるわけではありません。同僚やより若手の後輩にバトンタッチすることも多いでしょう。

　その際、避けたいのは、仕事を引き継いだ人間が、全く同じやり方をすることです。

　前任者のやり方を踏襲することは、一定の生産性を維持す

る上では効果的ですが、組織の成長や効率アップは図りづらくなります。

業務手順や意思決定基準を改良したマニュアルをつくったり、業務のプロセスを大きく変更したり、より効果的な会議の場を設けるなど、何かしらの仕組みを改良・構築・導入することで、引き継いだ人々の生産性を劇的に向上させること、さらには企業の成長（スケール化、規模化）のための土台をつくることが、「生産性の高いビジネスパーソンか、普通のビジネスパーソンか」の大きな差になります。

仕組みといっても、人事制度のような会社にとって大きな話になると急に変えることは難しいですが、上記のような工夫は、誰もができることです。事実、筆者の知人でも「結果を出している」と思える人は、こうしたことに若いうちから取り組んでいるものです。

効果的な仕組みをつくり、「自分がやっていたとき以上に全体としての生産性は向上した。そして自分はさらに新しいことにチャレンジしている」という状況をつくることが、組織の生産性を劇的に高めることにつながるのです。

Basic

054　効率化＝生産性向上ではない

生産性は
量以上に
質が大事

解説

　経営学者のピーター・ドラッカーは、「**生産性の本質を測
る真の基準は量ではなく質である**」と述べました。

　これは経営者視点でビジネスモデル（ビジネスの仕組み）
を検討するときによく当てはまります。たとえば、高収益で
有名な計測制御機器メーカーのキーエンスは、顧客に対して
価値の高い製品を提供することで圧倒的な高価格を実現して
います。

　量以上に質が大事というのは、一般のビジネスパーソンに
も当てはまる話です。特に知識労働を中心とするホワイトカ
ラーではその傾向が強くなります（それに対して、レジ打ち
のような定型業務では、スピードや量が圧倒的に重要になり
ます）。

　たとえば書籍の出版というビジネスでは、会社にもよりま

すが、上位10%の編集者のつくった書籍が利益の80%から90%を稼ぐといわれています。見方を変えれば、平均的な編集者が業務をこなすスピードが1.5倍になり、アウトプット（出版する書籍の数など）の量が1.5倍になっても、貢献は限定的ということです。

これは決して量が大事ではないという意味ではありません。仕事をこなすスピードがあがり、アウトプットの量が増えること自体は悪い話ではありません。

しかし、知識労働の比重が増えるに伴い、量以上に質が大事になってくるのです。質とは、最終的に企業にキャッシュをもたらす顧客に対する価値の高さです。

生産性向上というと往々にして効率化≒スピードアップに目が行きがちですが、それ以上に、顧客にとって価値のある（高額であっても対価を支払うに値する）仕事、あるいはそれにつながる仕事をすることが大事なのです。

まずは効率化≒スピードアップからスタートし、その余った時間を有効活用して質の底上げを図るというサイクルがいいでしょう。

キーワード
ピーター・ドラッカー、ビジネスモデル、知識労働、定型業務、効率化

055 「得意な度合い」に注目する

得意だからやるのではなく、
比較優位があるからやる

解説

　複数の人間で仕事をしていると、「それは自分がやった方が速いから自分がやりますよ。その代わりこちらをお願いできますか」というシーンによく出くわすものです。

　この時、明らかにお互いの得手不得手が逆であれば、こうしたやり取りは比較的スムーズに行きます。

　問題は、たとえば仕事が2種類あって、両方とも自分が得意な場合には、結局、仕事を交換したところで効果がないように見えるので、当初の業務アサインメントのままでやろうとしてしまうということです。

　実は、この時にも、**「自分の得意な度合いの大きな仕事を自分が引き受け、得意度合いが小さな仕事は他者に任せる」方が全体の生産性はあがる**ことが知られています。

　これを経済学では**比較優位**の考え方といいます。国際分業の基本となる理論でもあり、経済学部を出た人間なら本来は知っていて当たり前の考え方なのですが、実際にはほとんどの経済学部卒業生が的確には説明できない概念の代表でもあります。

　たとえば、以下のようなたとえがよく用いられます。

　「ある女性弁護士が町で一番のタイピストだとしても、彼女は自分でタイプを打つのではなく、秘書を雇ってタイプは任せるべきだ。その方が全体として経営資源の有効活用や生産性向上につながる」

　現実には、会社の育成の方針や、納期のズレ、「両方やるからこそ仕事がはかどる」等の側面もあるでしょう。

　また、得意とはいえ、同じ仕事ばかりをしていては、若いうちは身につくスキルが偏ってしまうという問題もあります。

　しかし、基本的に自分よりも仕事の遅い人間（外部パートナーも含む）であっても、彼／彼女が比較優位の観点から相対的に得意としていることを任せると、全体としての生産性が向上するということは知っておくとよいでしょう。

キーワード
比較優位、育成

Basic

056 同じ仕事は
超短時間でこなせるように工夫する

ルーチン化、
テンプレート化が
超高速をもたらす

解説

仕事をしていると「この作業は前にもやったことがある」という既視感(デジャブ)を感じる業務に必ず出くわすものです。特に、事務作業的な業務で頻出します。

短期間にそうしたことが何度も起こるようならば、まずはルーチン化、すなわち短時間で作業が済むように業務手順を定式化することが、スピードをあげ、より重要/高度な仕事に時間を使える効果をもたらします。

さらに**ルーチン化には、ミスが減る、マニュアルに盛り込むことで他者にも共有できる(横展開できる)**メリットもあります。これは組織で使えるようにテンプレート化したということです。

表計算ソフトのExcelで、何度も行う作業をマクロ(作業手順を記憶して、自動的に実行させる機能)としてつくって

登録しておくのもルーチン化、テンプレート化の典型です。

ルーチン化、テンプレート化は正しく行えば非常にメリットが大きいのですが、それをしない人の最大の理由は、最初に仕組みをつくるのが面倒だから、せいぜい数分の作業なら、毎回繰り返しても苦にはならない、というケースです。

しかし、もし 1 人の人間が毎日 15 分ある作業を繰り返していたとしたら、1 年 240 日その作業を繰り返すと 3600 分、60 時間の時間を使うことになります。

これが、最初の仕組みづくりには 6 時間（360 分）かかるけれど、いったんつくってしまえば、1 日の作業は 1 分に減るとします。その場合、1 年間の作業時間は 600 分（360 分＋ 1 分 ×240 日）で済みます。

これだけでも圧倒的な差ですが、同僚にもその仕組みを横展開したり、何年も使えるとなると、その積み重ねはきわめて大きな差となって効いてきます。

「これはルーチン化、テンプレート化する方がいい（できる）」というものを見つけたら、効果も勘案したうえで、どんどん進める方が、結局はペイすることが多いのです。

キーワード
業務手順、マニュアル、横展開、テンプレート

057 組織のスピードを落とさない工夫を考える

ボトルネックを
つぶせ

解説

生産性を考える上で重要な概念にボトルネックがあります。仕事全体のスピードは、一連のプロセスの中で最もスピードが遅い箇所（律速段階）に制約を受けるという考え方です（ボトルネックは、もともと中の液体を出すスピードを遅くするためにつくったビンの首の部分の意味）。

オペレーション・マネジメントや、『ザ・ゴール』（ダイヤモンド社）のシリーズで有名になったエリヤフ・ゴールドラッド博士が広めた「制約理論」における重要コンセプトの１つでもあります。

筆者の知人は、20代の頃、上司の業務処理スピード、特に部下の書いた提案書の確認が職場全体のボトルネックになっていることに気がつきました。その仕事自体は非常に重要だったため、急に削減や代替はできません。

Chapter
7
⯈

やり抜く

仕組み化

人に任せる

アイデアとビジネス

学び続ける

　そこで彼は、上司が自らやる必要がない業務について、彼をはじめとする部下にどんどん任せることを提言しました。プロセスごとのキャパシティ（処理能力）を変え、ボトルネックが生じないようにしたわけです。その結果、職場の生産性は劇的に向上したそうです。

　それはメンバーが変わった後にも引き継がれ、その職場ではボトルネックをつくらないことが業務分担等の基本になったといいます。

　ボトルネックを解消する1つの方法は、その人間でないとできない仕事以外は、どんどん割り振ることです。若手の育成にもつながるケースも多くなります。

　その他にも以下のような手段がよく用いられます。

・各人への仕事の割り振りを見直す
・他の仕事と業務プロセスを共有化する
・他部門との人員の入れ替えを行ったり、増員する
・一連の業務のプロセスそのものをゼロベースで見直す（これを会社として大がかりに行うのがリエンジニアリング）

　職場全体のスピードに意識を払い、何がボトルネックか、それをどうすれば解消できるかを考えることが生産性を劇的に変えうるのです。

キーワード
律速段階、エリヤフ・ゴールドラッド、キャパシティ、リエンジニアリング

058　業務を過不足なく滑らかに進める

ムリ、ムダ、ムラを
なくせ

解説

　職場や仕事のムリ（無理）、ムダ（無駄）、ムラ（斑）を取る分析法や手法を3M分析や3M取りと呼びます。これは日本発の方法論で、大きな職場単位から、個人レベルまで多くの場面に活用できます。

　まずムリは、3Mの文脈では、業務負荷や達成目標が経営資源の量を越えている場合に用います。

　たとえば小学校で、1人の教諭が60人の生徒を受け持つのはムリに該当します。そもそもの目標値を下げるか、教育方法を劇的に革新することが必要になります。

　ムダはその逆で、業務負荷や達成目標に対して経営資源が過剰にある状況で、ムダな固定費（売上には関係なく発生する費用）が生じ、生産性が低い状態です。

　ムラは、ムリとムダが混在して生じている状況です。業態

や部門、職種にもよりますが、繁忙期と閑散期で需要のばらつきが生じるのはある意味当たり前であり、完全になくすことは容易ではありません。品質のムラもここに含めて考えます。

　一般には、業務プロセスごとに、どこに3Mが発生しているかを調べます（図27）。その上で、ECRS（Eliminate-Combine-Rearrange-Simplify：削除、統合、交換、単純化）の手法などを用い、経営資源の削減や配置換えを行ったり、プロセスの改善を図ったりするのです。

　生産現場では昔から品質管理の手法が定着していることもあり、3M取りの手法もかなり確立しているのですが、ホワイトカラーの職場における3M取りには、職場によって業務の差異が非常に大きいことから、方程式のような解法はなかなかありません。

図27 3M分析の例

[企業の新卒社員向けの支援を行うサービス企業の例]

	ムリ	ムダ	ムラ
企画立案	目標が高すぎる	企画テーマに無意味なものが多い	素案のレベル差が大きい
営業	目標が高すぎる	営業サポート人員が多すぎる	
企画詳細設計	目標が高すぎる	書類が必要以上に細かい	チームリーダーによる繁閑のばらつきが大きい
実施			繁閑の季節変動が大きい

ECRS や抜本的なプロセスの見直しも意識しながら、クリエイティブに施策を考えることが必要です。また、個別の箇所をバラバラに見るのではなく、相互に関係しあっていないかを見ておくと、より効果的な対策が打ちやすくなります。

　ちなみに、筆者の経験でいえば、ムダを取るのは比較的容易ですが、ムリは本当にムリなのかをしっかり見きわめないと、本来工夫すれば実現できた生産性向上の機会を逃してしまうリスクがあります。現場の「こんなのムリだよ」という声は真摯に聞きながらも、それが本当なのかを見きわめる必要があります。

　品質のムラについては Basic061 で紹介する標準化の手法が役に立ちます。

　繁閑のムラについてはビジネス特性によっても変わってきますが、マーケティングの工夫で需要のピークをずらしたり、従業員を多能工化したりすることが有効な場合が多いものです。

　なお、3M 分析や 3M 取りを行う際には、同時により詳細な業務のフローチャートを描くと、さらに詳細なアクションのヒントが得られます。

　ただし、最初から細かなフローチャートを描くと、それを正確に描くことに意識が行きすぎたり、「木を見て森を見ず」になる危険性もあります。まずは大きな枠で全体を見た上で、必要に応じて細分化するのが効果的です。

Chapter
7
⌄

やり抜く

仕組み化

人に任せる

アイデアとビジネス

学び続ける

キーワード
固定費、3M 分析、3M 取り、ECRS、フローチャート

Basic

059

実践しながら仕組み化も同時に行うと
生産性も大幅に向上

一石三鳥を
狙え

解説

　企業にとって最も貴重な資源は、結果を出せる人間の時間
と知恵です。彼／彼女の知恵をレバレッジして、それを組織
の知恵とすることが必要ですし、効果的です。

　そして、レバレッジする有効なやり方に、まずは彼／彼女
が実験的に何か新しいことを試し、それを文書化、形式知化
して皆が使える方法論にする、というやり方があります。テ
ンプレート化にも通じる話です。

　たとえば比較的堅めの書籍を出している出版社の編集部を
例にとりましょう。もしあなたが何かの面で自信があるなら、
「マンガでわかるシリーズ」などの新しいチャレンジをまず
自分自身で企画し、挑戦させてもらいます。そして実際に新
刊制作などの効果をあげつつ、ノウハウ獲得も同時に行って
いくのです。そこにたとえばペアを組む外部スタッフの育成

Chapter
7
⌄

やり抜く

仕組み化

人に任せる

アイデアとビジネス

学び続ける

効果なども加われば「一石三鳥」となるわけです。

ポイントは、自分の仕事は1つの目的だけではなく、他の目的も同時に果たしうるという「**AND思考**」を持つことです。

仮に自発的に手を挙げた案件でなかったとしても、会社にとって新しいチャレンジには、結果を出すだけではなく、ノウハウ獲得という目的が必ずついて回ります。

チャレンジが失敗に終わったとしても、そこで得られた知見を形式知化するだけでも、組織に貢献できるという意識は持ちたいものです。

ワンモア・アドバイス

AND思考はいろいろな意味で使われる言葉ですが、「安易にトレードオフ（一方を選べばもう一方が成り立ちにくくなる状況）に逃げるのではなく、難しいことを両立する」という意味合いもあります。たとえば質とスピードは往々にしてトレードオフになりますが、「質が高く、しかもスピーディにこなす」ことを最初から諦める必要はありません。

そうしたトレードオフを打破しようという意識が、それまでの前提を疑うゼロベース思考などと合わさって、革新的なブレークスルーを生み出すことにつながることがしばしばあります。たとえば、「やって当然」と皆が思いこんでいた業務を思い切ってやめてしまうことで、質を維持しつつ、スピードをあげることもあり得るのです。

キーワード
レバレッジ、形式知化、AND思考、トレードオフ、ゼロベース思考

Basic

060 顧客の力でレバレッジをかける

顧客を仕組みに
取り入れよ

解説

　仕組み化というとどうしても社内での工夫に目が行きがちですが、企業にキャッシュをもたらす最重要のステークホルダーである顧客をその中に取り込むことができれば、顧客満足に加え、多くの副次的効果ももたらすことが期待できます。

　たとえば顧客の声を取り入れるために参加型のSNSを開設している企業は少なくありません。近年はビッグデータの解析も進化していますから、そこで出てきた顧客の典型的な不満を特定し、それに応えていくのです。

　より望ましいのは、顧客を製品・サービスのレベルアップ、さらにはマーケティングにまで巻き込んでしまうことです。そうした方法論にグロースハックがあります。これにはいくつかの定義がありますが、ここではサービス自体に、顧客も巻き込んだ進化・成長の仕組みを内包させることを指すもの

とします。特に情報の比重の高いネット系のビジネスで効果を発揮します。

たとえばキュレーションサイトビジネスであれば、そのニュースを読んだユーザーのコメントが価値につながるという側面が大です。それゆえに、影響力のあるコメント執筆者を集め、さらに彼らとつながりのあるインフルエンサーを引き寄せることでサイトの価値を増し、また彼らをプロモーションにも活用することで二重三重の効果を狙うのです。

これらはすべての商材にすぐに利用できるものではないかもしれません。しかし、社会の情報化がますます進む昨今、「モノ」以外の付加価値はますます増します。グロースハック的な、顧客も巻き込んだ爆発的な成長・進化の仕組みをどうすればつくれるかを考えることは、あらゆる業界のビジネスパーソンにとって大きな課題といえるでしょう。

ワンモア・アドバイス

顧客をよく観察することで、そこから新サービスを考案することも効果的です。日本ではヤマト運輸がそのノウハウに長けているとされ、顧客が個々に工夫して行っていたスキーやゴルフ用具の宅配を「スキー宅急便」や「ゴルフ宅急便」として商品化しました。それを広告のみならず、口コミでも広げていったのです。今日的なグロースハックの例とは異なりますが、顧客に学ぶことの大切さが再確認できます。

キーワード
グロースハック

Basic

061 「誰がやっても同じレベル」での
価値は大きい

スケール化の鍵は
標準化にあり

解説

　企業のオーナーである株主が企業に求めるものは、通常は利益と成長です。利益については、何とか赤字にしない程度のことは多少頑張ればできるものですが、成長は常に容易というわけではありません。

　需要面が伸びずに成長が難しい場合はまだしも、市場性があるのに供給力が追いつかずに成長できないのではもったいない話です。こうしたケースでは、知恵を絞ってスケール化（規模化）を図ることが必要です。

　特に、「人」に頼る部分が多く、規模化が難しいサービス業（教育産業やコンサルティング、医療サービス）では、

・サービス品質を落とさない
・サービス品質のバラつきが小さい

Chapter
7

やり抜く

仕組み化

人に任せる

アイデアとビジネス

学び続ける

　これを満たしつつ、スケール化を実現することは非常に重要な課題となります。

　では、どうすれば一見規模化が難しいビジネスで高い品質を維持し、かつ提供サービスのバラつきを減らしながらスケール化することができるのでしょうか。

　すぐに思いつくのは、使うツールを共通化したり、マニュアルを作成することです。さらに一段レベルの高い方法論に、人材と業務プロセスの標準化があります。

　ビジネスや会社というものは、結局は「人の集まり」であるとともに「業務プロセスの集まり」でもありますから、それぞれを極力同レベルに揃えていくのです。

　具体的には、あるべき標準（その範囲に収めたい像）を定め、数値（KPI：重要業績評価指標）で物事を可視化し、「同じプロセスで業務を回せる人を大量につくる」ということを実現していきます。

　まずは人材ですが、スキルや仕事を遂行する上で大事な行動特性（コンピテンシー）を定めて数値化することがよく行われます。

　これは、人事部が絡むような大げさな話にも聞こえますが、簡易版であれば、過去・現在においてよいパフォーマンスを残した人材の行動をベースに、現場レベルでもつくれるものです。

　これにより、人材の選抜や育成方針、仕事の割り振りなどのヒントが得られ、規模化が推進されるのです。

図28 プロセスの標準化

[アルバイトによるテレフォンマーケティング]

プロセス例	重要指標例
初期アプローチ	コンタクト数(TEL数)
説明	通話時間
関心・興味喚起	関心をもった顧客数(資料請求数)
購買意欲喚起	購買意欲をもった顧客数(○○分以上通話した見込み顧客数)
注文	注文数(注文額)
アフターフォロー①	解約意向
アフターフォロー②	満足度、リピート意向

標準的なプロセスを定めることも効果的です。最も早く業務プロセスの標準化が進んだのは生産関連ですが、それ以外の、プロセスの標準化が難しいと思われている仕事も、業務手順を区切り、数値や中途のアウトプットを管理することで、ある程度は標準化を実現することは可能ですし、効果も出やすいものです（図28）。

もし、一連のプロセスの中で求められるスキルや資質、あるいはその程度が異なるなら、担当者を思い切って切り分けるなどの大胆なアイデアも出てきます。

ところで、標準を設定することを「画一化」と混同する人がいますが、それは似て非なるものです。

標準化とクリエイティビティが相容れないと考える人もいますが、これも錯覚です。特にプロセスについては、標準化

するからこそムダな時間が減り、その浮いた時間を使ってよ
り創造的なアイデアや施策に挑戦できる効果の方が大きいも
のです。欧米企業では、研究開発の業務プロセスの標準化も
進んでいます。

　それが横展開され、標準も進化すると、レベルを維持しつ
つ、スケール化できる可能性が劇的に高まります。

　最初から大規模なスケール化は考えなくてもいいので、ま
ずは身近なところから、「誰がやってもある程度の結果は出
せる」という状態をどうすればつくれるか考えてみましょう。

キーワード
標準（化）、コンピテンシー、プロセス管理

Basic

062　経営環境の変化以上の
進化を追求せよ

変化は常態

解説

　仕事の成功パターンやコツを、それを引き継ぐ人に伝える
ためにマニュアルや簡単な文書をつくる際は、暗黙知（経験
や勘に基づく知識）を形式知として可視化することが基本で
す。

　ただし、それが何の進化もなく、自分がやっていた時の方
法論そのままでは組織の生産性向上や規模拡大はなかなか図
れません。

　ポイントは、「仕組みづくり」や「形式知化」だけではなく、
「進化のための仕掛け」も考えることです。「変化は常態」を
意識づけるとともに、その状況を実際につくるのです。

　特にポイントとなるのは「仕組みそのものの改善の方向性
の提案」です。

　まずは自分自身が、「ここは自分としても他にやりようが

あるように感じている」あるいは、「この部分はもっと機械化できるはずなので、技術進化を見据えて変更すべき」などと自分なりに問題意識、課題意識として残った部分もあわせて文書化して伝え、「どうすればそれをクリアできるか」を検討課題として引き継ぎます。

そして、その時々で課題は変わるでしょうが、こうしたやり方そのものを次に引き受ける人間にも伝えるのです。

環境の変化を後追いするのではなく、積極的に自ら変化を創り出すマインドセットも必要です。リアクティブ（受動的）な発想ではなく、プロアクティブ（能動的）に動くことを奨励するのです。

この意識や方法論が代々引き継がれれば、進化は目に見えて速くなります。多くの企業では忘れられがちな点なので、それだけ差をつけるチャンスでもあるのです。

キーワード
暗黙知、可視化、形式知化

Basic

063
仕組みは、
設計と運用の両輪あってこそ効果を生む

設計よりも
運用

解説

　何かしらの仕組みや制度は往々にして設計そのものに目が行きがちです。マニュアルであれば、書かれている文言そのものに意識が行くということです。

　ただ、実際には、マニュアルにすべての状況を網羅することはできません。たとえばあなたがスーパーバイザーを務める小売店舗で、顧客の満足度を高めるべく、実験的に返品を認めることにしたとします。その際、「レシートがあり、ほぼ製品にダメージがなければ理由を問わず返品に応じる」というルールをつくったとします。

　これそのものは比較的明快に見えます。しかし、

「レシートの現物がなく、スマホの写真だったら？」
「クレジットカードの利用明細だったら？」

「『ほぼ製品にダメージがない』は誰がどのように判断するのか？」

など、個別の具体的な議論になると、それをすべて網羅しての文書化はできませんから、結局は現場での裁量、運用に任されることになります。

言い方を変えると、仕組みや制度は文書化して終わりではなく、その運用にまで目配りをして初めていい仕組みになるということです。

その際のポイントとしては以下のものがあります。

・基本は当事者の自主性と良識に任せる。
・仕組みの根幹に影響を与える重要な判断は丁寧に行い、それを判断基準としてマニュアルに付け加えていく
・運用の工夫で実態に対応できないのであれば、制度そのものを修正する

２番目などは、事例がたまり、あるレベルを超えると、かえって手離れはよくなります。

なお、冒頭の標題は運用の重要性を強調するためのレトリックであり、仕組みの設計や文書化そのものも非常に重要であることはいうまでもありません。仕組みそのものと運用が両輪となって効果をもたらすのです。

キーワード
判断基準

人に任せる

リーダーシップ、
パワーと影響力、
戦略の計画と実行

人の力を借りて、大きな仕事をする

　本 Chapter ではうまく他人の力を活かす方法論やコツについて紹介します。

　これは MBA ではリーダーシップ（あるいはその関連分野）の一領域でもあります。リーダーシップというと、特に若いビジネスパーソンには「自分はリーダーや管理職ではないから」などと思われる方も多いかもしれません。しかし、リーダーシップ論では、リーダーシップとは管理職のみが果たすべきものではなく、皆が果たすべき機能、役割と考えます。

　状況によっては、若手や新人であっても、リーダーシップを取って、上司や年上の人々を適切に動かすことが期待されます。歓送迎会の幹事をしたり、ちょっとしたプロジェクトの音頭取りをすることは誰しもあるはずです。

　また、業界によっては、アルバイトの若い人々やベテランのパートの方などを取りまとめるシーンなどに遭遇される方もいるでしょう。

　リーダーシップは、長年の研究により、生得の才能や資質ではなく、意識的に開発しうるスキル、行動様式であるという考え方が浸透してきました。

　もちろん「発射台」の高さや、スキル習得のスピードはあるでしょう。しかし、現状の自分の状況を正しく把握し、しかるべき能力開発を行えば、リーダーシップのスキルは必ず

伸びていきます。

　ここでは、中長期の事業のビジョンを描くといった管理職寄りのリーダーシップではなく、若いビジネスパーソンであっても生産性を高めるべく日常から活用できるスキルを中心に紹介していきます。

　後半では、中期的に自分の影響力を高める人脈づくりのコツについても紹介します。

Basic

064

可能性を信じ、仕事を任せることが
結局はペイする

信頼されることは
究極の動機づけである

解説

　皆さんはどのような時に管理職やリーダーの言動に「よし、やってやるぞ」と強いモチベーションを感じるでしょうか。難しい仕事を「君に任せた」といわれた時ではないでしょうか。

　グロービスでは社内マネジメントの基本として「可能性を信じる」ことを強く推奨しています。人間には無限の可能性があり、機会を適切に与えれば誰であってもそれは顕在化するという意味です。

　その際の鍵はエンパワメントです。エンパワメントは権限移譲と訳されることも多いですが、同じく権限移譲と訳されることの多いデリゲーションとはやや意味合いを異にします。

　単に権限を委譲するだけではなく、最大限のパフォーマンスを出してもらうように適宜支援したり、コーチング〈問いかけにより、相手に考えてもらう育成方法〉による指導を行

うのがエンパワメントの鍵です。

　エンパワメントができないビジネスパーソンの特徴は、後輩や若手、あるいはアルバイトやパートの人達を信頼できていないということです。信頼していないからチャレンジングな仕事を与えず、結果として彼らのモチベーションもあがらず、スキルも定着しにくくなるのです。

　信頼は相互に循環して好循環や悪循環の構造に至るという特性もあります。

信頼して仕事を任せる
→フォロワーが自分を信頼してよい結果につながる
→フォロワーが成長する
→さらに信頼度が増し、よりチャレンジングな仕事を任せる

　これが望ましい好循環です。

　若いビジネスパーソンにとって、自分よりさらに若い人やアルバイトやパートの人達、あるいは外部パートナーの可能性を信じることは簡単ではありません。

　最初のうちは結果につながらないことも多いでしょう。そこで我慢し、適切な支援を与えることこそが、チームの生産性を中長期的に高めるのです。

「このくらいはやってくれそう」という直感値の数十％アップくらいの可能性を見越して仕事を任せると、結局はお互いにハッピーになることが多いものです。

キーワード
エンパワメント、デリゲーション、支援、コーチング

参画意欲、当事者意識、体験を
活用せよ

参加促進が
理解を促す

解説

　人間は、他人からいわれたことを単純に受け入れるわけで
はありません。当然「なぜ？」といった疑問も湧きますし、「他
のアイデアではなくこれにした理由は何なのか？」といった
疑問も湧いてきます。

　これらにすべて答えるには時間がかかります。巻き込む人
間が多いほど、そうなります。この問題は多くのビジネスパー
ソンを悩ませます。

　これをクリアする１つの方法として多用されているのが、
議論や企画の段階から実行面で鍵となる人物を巻き込んでし
まうという方法です。

　若いビジネスパーソンであっても、アルバイトやパートの
人々、あるいは外部の協力者を巻き込む際などに応用可能で
す。狙いは、初期の段階から参加してもらうことで、以下を

実現することです。

- 議論の前提を理解してもらう。結果として、彼らが他人に説明する時にも説明しやすくなる
- 文字やイメージ以上に、体験を通じて頭に強く残る
- 自分の意見が反映されているので、当事者意識を持ってもらいやすくなる。結果に対するコミットメントも増す

　この方法は、うまく活用すると、反対者を取り込むことにもつながります。このやり方を成功に導く鍵は、建設的な議論を行うことです。そのためには、よきファシリテーションが必須です。具体的には、以下のようなものがあります。

- 目的を常に意識する
- 発言しやすい、ポジティブな場や空気づくりをする
- 発散（話を広げる）と収束（話を集約する）のバランスを取る
- 人間（人格面）ではなく事柄にフォーカスする
- 意見を出してもらうことに配慮しつつ、議論が脱線しないようにさばく
- 安易な妥協に流れないよう仕向ける

　簡単ではないですが、議論を通じて人を動かすという意識を持ちつつ、実践することが望まれます。

キーワード
ファシリテーション、体験、当事者意識

Basic

066　「自分でいったこと」を人は守りやすい

目標は
相手にいわせよ

解説

　人を動かす際には、ある程度の目標を「握る」ことも多く
なります。その際に意識したいのが、その目標はなるべく相
手の口から出るように工夫することです。

　これは後輩やアルバイトに対してだけではなく、先輩や上
司、あるいは顧客をはじめとする取引先であっても同様です。

　**なぜ相手の口からいわせるべきかといえば、その方が相手の
コミットメントが強くなるからです。**

　具体的に相手の口から目標をいってもらう工夫をここでは
3つほど挙げましょう。

　まずは質問による誘導があります。筆者の知人は、同僚に
対して「5年後にどのくらい組織として成長したい？」と聞
いたそうです。

　5年後ということもあり、皆、気軽に考えて口々に「こう

Chapter
8

やり抜く

仕組み化

人に任せる

アイデアとビジネス

学び続ける

なったらいいな」という数字を出しました。そこで彼は、「皆のいう数字の合計を足すとこのくらいか。じゃあ、1年あたり、15％のペースで成長しなくちゃね」といったそうです。皆は「えーっ、それは厳しいですよ」といいましたが、彼は悠然といいました。「でも、この数字は、皆が達成したいといった数字だよ」。これには誰も反論できません。

そこで彼は「じゃあ、具体的にどうしたら実現できるか考えよう」と方法論に話を移し、目標はほぼ既成事実化したのです。

2つ目は交渉術のアンカリング（自分の出す数字によって相手の思考を誘導すること）を使うことです。つまり、持っていきたい落とし所を200、相手の想定が150だとしたら、250をアンカーの数字として出し、中間地点として「じゃあ、200くらいでどうですか」と相手にいわせるのです。

最後は、相手のプライドや承認欲求などに愚直に訴える手法です。ある著名な経営者はかつて、業績が低い部下に「残念だ。君ほどの人にこれができないなんて」あるいは「本当にそれで君は満足なの？」などと声をかけることで相手のやる気を刺激し、高い目標をいわせたといいます。

これらをするには、常日頃からの観察とコミュニケーションが重要となってきます。逆にいえば、高い目標を相手の口から引き出すためにも、常日頃から関係者をよく観察し、コミュニケーションを取っておくことが大事になってくるのです。

キーワード
質問による誘導、アンカリング

大きな仕事をする

Basic

067 上司の力でレバレッジをかける

上司こそうまく使え

解説

　欧米にはボス・マネジメントという言葉があります。文字通り、どのようにうまく上司（ボス）を活用するかということです。

　上司は自分の人事考課をする立場の人間ですから、どうしても上下関係を感じがちになってしまいます。しかし、見方を変えれば、上司には部下をうまく活用して結果を出す、結果を出せるような環境をつくる、成長させるという責任があるのです。

「上司とは、自分の仕事の達成に向けて、タダで使える資源である」という言い方もあるくらいです。

　そして、自分がいい結果を出すことができれば、上司自身の評価も高まります。つまり、上司と自分は本来Win-Winの関係にあり、それを実現するように上司に働きかけるとお互いにハッピーになれるのです。

Chapter
8
▼

やり抜く

仕組み化

人に任せる

アイデアとビジネス

学び続ける

　以下のようにいえる状況をうまくつくり出しましょう。

「こちらは私が責任をもってやりますので、この件について
はぜひ力を貸してください」

　なお、上司をうまく使う際の他のコツとして、その上司の
置かれている立場や社内的な責任、その時々の上司の優先事
項を理解することがあります。相手の視点に立つことはここ
でも有効です。

ワンモア・アドバイス

　世の中には、「優秀でない上司」という存在も一定比率存
在します。そうした上司はどうすればいいのでしょうか。

　これには、以下のような接し方が有効であることが多いと
されます。

・その「上司の上司」とコミュニケーションし、そこからプ
　レッシャーをかけてもらう
・期待値を下げてやり過ごす（その上司抜きで自分ができる
　範囲で最大限の結果を出す）
・正論で議論し、それを周りにも知らしめる（上司よりも正
　論をいっていることを周りに知ってもらう）

　しっかり仕事をしていれば、組織も馬鹿ではありませんの
で、いい上司の下につけてもらえる可能性は増します。

　**上司は「人」という側面もあれば、「機能」という側面もあ
ります。**割り切って、その中でベストのパフォーマンスが出
せるように意識することもときには効果的なのです。

キーワード
ボス・マネジメント

Basic

068　自分が使うべき／使えるパワーを
理解する

公式の力、
個人の力、
関係性の力

解説

　人間には、他者に影響力を及ぼす要因となる「パワー」が
あります。パワーにはさまざまな分類方法がありますが、最
も有名なのは、公式の力、個人の力、関係性の力です。

　公式の力は、典型的には上司と部下の関係に見られる強制
力や報酬決定力などを含むものです。要は、立場が上の人の
いうことには逆らいにくいということです。

　個人の力は、専門力や同一視力（あの人のようになりたい
と思わせる力）などからなります。何かに秀でていたり、人
間的に尊敬される人の意見は聞き入れられやすいのです。

　関係性の力は、個人だけではなく、どのような関係性を他
者と築いているかということから生じる力です。重要な顧客
との接点が多かったりすると、関係性の力は増します。

　人に何かを任せ動かす際には、こうしたパワーを自分がど

Chapter

8

やり抜く

仕組み化

人に任せる

アイデアとビジネス

学び続ける

のくらい持っているかを正しく把握することがまずは重要となります。また、自分に弱い部分があれば、先輩や上司などのパワーを借りることも必要です。

　理想的には3つのパワーをバランスよく高め、「○○さんがいうなら聞くしかないな」となることが望ましいのはいうまでもありません。

　ところで昨今は、IT関係の知見や最近のヒット商品、顧客の情報などは、むしろ若手の方がよく知っているという状況が生まれています。

　また、世代間のギャップも非常に大きくなってきていますから、これから消費活動の中心になる若い人間の価値観や感性を肌感覚で知っているということ自体が、武器になります。

　そうした若手ならではの知見や感性、ネットワークをビジネスの場で活用する意識を持つことが、見落とされがちですが、実は影響力を持つ1つの近道です。

　また、昨今、非正規の労働者が増えたこともあり、若手の正社員が年上のパートやアルバイトの人に指示を出すというシーンは珍しくありません。しかし、そういう状況に慣れていない若手は、年上に対する遠慮からか、あまり強くものをいえません。その結果、必要以上に公式の力に頼る結果となってしまい、「地位でものを動かしている」と見えやすくなるという落とし穴があります。どのような相手であっても敬意を持ち、丁寧に説明するなどの行動が必要です。

キーワード
専門力、同一視力

Basic

069 誰もが人から認められたい

承認欲求は 皆が使える 動機づけの武器

解説

　人のモチベーションに関する理論で最も有名なものの1つにマズローの欲求5段階説があります。実務的にも有効な部分が多いため、動機づけの武器としてよく用いられます。

▌図29 マズローの欲求5段階説

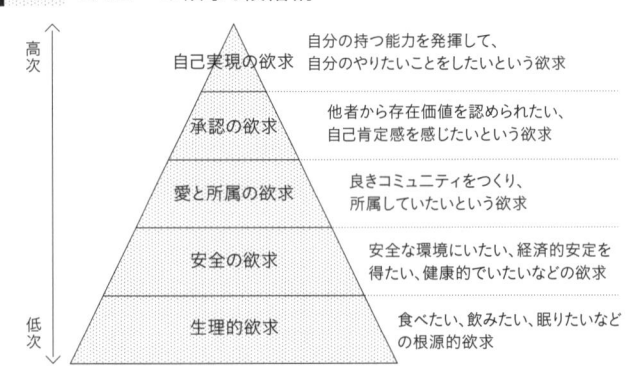

高次	自己実現の欲求	自分の持つ能力を発揮して、自分のやりたいことをしたいという欲求
	承認の欲求	他者から存在価値を認められたい、自己肯定感を感じたいという欲求
	愛と所属の欲求	良きコミュニティをつくり、所属していたいという欲求
	安全の欲求	安全な環境にいたい、経済的安定を得たい、健康的でいたいなどの欲求
低次	生理的欲求	食べたい、飲みたい、眠りたいなどの根源的欲求

　若手、ベテランにかかわらず、広く応用可能かつ効果的なのは上から2段目の承認欲求です（図29）。可能ならば一番上の自己実現欲求を満たすことが望ましいのですが、あらゆる人間のそれを満たすことはできませんし、特に若手にとってはそこまでの裁量がない場合が多いものです。そこで、ここでは承認欲求に絞って説明します。

　承認欲求とは端的にいえば、「自分の存在を認められたい」、さらには、「自分自身を肯定的に見たい、つまり自己肯定感（自分自身を積極的に評価できる感情、自らの価値や存在意義を肯定できる感情）を持ちたい」という欲求です。

　「愛の反対は憎しみではなく無関心」という言葉を聞かれた方も多いでしょう。それだけ**人間は、他人に気にかけられないこと、そして自分自身の存在意義を感じられないことを恐れるの**です。

　それゆえ、承認欲求を満たすことは、実務的にも非常に効果的なモチベーションアップの方法となります。これは部下が上司に対して用いることもできますし、顧客やサプライヤーといった社外の人間に対して用いることもできます。

　なお、言葉だけが上滑りをするようでは効果半減ですので、その人に対する真摯な関心を持った上で、こうした言葉を投げかけることが重要なのはいうまでもありません。

キーワード
マズローの欲求5段階説、自己肯定感

Basic

070

百年兵を養うは
一日これを用いんがため

信頼の残高を
増やせ

解説

　ビジネスでは、短期的には相手のメリットよりデメリット
が大きいことを依頼しなくてはいけないシーンも多々ありま
す。現在の仕事とは距離感のある、手間暇が伴う仕事をお願
いしなくてはならない場面や、時には痛み（ハードシップ）
を強いてしまうケースなどにも遭遇することがあるでしょう。

　そうした時に人を動かすベースとなるのが信頼の積み重ね
です。グロービスではこれを「信頼の残高」と呼んでいます。
「信頼の残高」があるからこそ、多少の疑念や不満を持たれ
たとしても、「結局は、自分にとってもプラスになるのだろう」
と相手が感じてくれ、動いてくれるのです。

　これは、内閣支持率にたとえられます。支持率が低い内閣
は、それがさらに低下すると退陣の可能性が高まりますから、
大胆な施策は打てません。しかし、もし内閣支持率が高けれ

Chapter
8
⌄

やり抜く

仕組み化

人に任せる

アイデアとビジネス

学び続ける

ば、国民に負担をかけるような施策でも、大胆に実行することができます。もともとの支持率が高いため、多少は下がっても、政権へのダメージが小さいのです。

だからこそ歴代の首相は内閣支持率を高める施策をそれまでに打ち出して実行し、「いざという時のための貯金」とするわけです。

では、具体的にはどうすればいいのでしょうか。

奇をてらった答えはありません。

・約束は守る
・最後まで逃げずに、しっかり結果を残す
・相手に対する誠実な関心を持ち、日頃から対話をする
・相手が困っているときにこそ手助けをする
・信頼の残高が高い人間同士がお互いに口コミし合う（自分で過度にアピールしない点がポイント）

これらの積み重ねが、セルフ・ブランディング≒信頼の獲得につながり、いざという時に多くの人を動かす基盤となるのです。

企業のブランド同様、実績のないところで急にブランドだけが向上することはないという認識が大事です。

キーワード
ハードシップ、セルフ・ブランディング

Basic

071　自分が扱われたいように人を扱え

公正、
オープン、
誠実

解説

　人々の自分に対する信頼度をあげたり、自分が仕事をする環境をよくする上での別の観点からの留意点に、公正、オープン、誠実の実行があります。

　これらは、「自分がそうされたら気分を害することは、他人に対してもしない」という人間関係構築の基本でもあります。

　まず公正ですが、これは多少意味合いは違うものの、公平と概ね同じ意味を持ちます。人間は自分がフェアに扱われていないということに対して非常に敏感なのです。

　難しいのは、結果や分配に対する公正（分配的公正）を重視するのか、機会やプロセスの公正（手続的公正）を重視するのかのバランスです。昨今の研究では、後者がより有効とされていますが、人によってその感覚は違います。しっかり

説明することが大事です。

　オープンであることは公正とも連関します。情報管理上の注意は必要ですが、オープンにするに越したことはありません。それが業務の進捗を早めることにもつながるからです。

　ちなみにグロービスでは、会議の議事録なども可能な限り公開・共有しています。これらが、いざ何かあった時に、人々に対する説得材料やその土台ともなるのです。

　最後の誠実はいわずもがなでしょう。人は、自分自身もそうですし、自分以外の他者が誠実に扱われたのか否かをよく見ているものです。そこに疑念が生じれば、当然、職場に対するロイヤルティや帰属意識も下がり、好ましい結果を生みません。

　忙しいビジネスパーソンにとっては、毎回人々に対して誠実に接することは難しいものですが、だからこそ注意したいポイントといえます。

　現実には、世の中には、これらを実践しなくても数字を残すなどしてのし上がっていく「つわもの」もいます。しかし、それは例外です。

　例外に引っ張られすぎるのではなく、多くの人にとっては、こうした基本を守る方がやはり影響力を高める近道となるのです。

キーワード
分配的公正、手続的公正、ロイヤルティ、帰属意識

Basic

072　物事が進むような土壌をつくる

大切なのは
本物の根回し

解説

「根回し」と聞いていい印象を持たれる方はあまりいないか
もしれません。多数派工作などの消耗戦、オフィス内ではな
く夜の席で物事が決まってしまう不透明さなど、悪い印象を
数えあげたらきりがありません。

　では、ビジネスパーソンとしてそれに無関心でいていいか
といわれたら、残念ながら答えはノーです。ビジネスが多く
の人を巻き込んで何かを達成することと考えるのであれば、
ある程度は事前に自分の意図を説明し、納得を得て多数の
人々を味方につけておく、あるいは反対派にはならないよう
に根回しをして地固めをすることは必要です。

　人間はプライドやメンツにこだわる動物でもあるため、メ
ンツをつぶされることに大きく抵抗します。これでは生産的
な仕事にはつながりません。

「誰と誰には事前の了承が必要」「誰と誰だけは反対派に回さないように」といったことを、身近な関係者とも相談して考え、実践し、転ばぬ先の杖とすることが大切です。

本来根回しは、ポジティブな意味合いの言葉です（樹木の植え替え後の活着を容易にするために 1 〜 2 年前に行う処置の意味）。

よき根回しは、組織の摩擦を減らし、スピードをあげることにつながることを意識しましょう。

賛成者が多くなると、多くの人がそれになびいて地滑り的に多数派が形成されていくというバンドワゴン効果も期待できます。

これは、「その意見について聞く機会が多くなる」「どうせそちらで決まるなら、早めに賛意を示しておく方が得だと考える人が増える」などの心理によります。

パワーの研究で有名なジェフリー・フェファー教授らの調査によると、成功したリーダーは、やはり単なる夢想家や原理主義者ではなく、根回しや、それと関連する社内政治の使い方が巧みだった人間が多いとの報告があります。

なお、実力のない人間が社内遊泳術のみで評価を得ることはできないという認識も大切です。

自分ならではの強みを構築し、頼られる存在になることが、結局は自分の影響力を高め、いざという時に組織を動かす基盤となる点は忘れないようにしましょう。

キーワード
バンドワゴン効果、ジェフリー・フェファー、社内政治

Basic

073　役職と発言力は必ずしも一致しない

キーパーソンは
意外なところにいる

解説

　根回しや社内ネットワーキングをする際に意識しておきたいポイントとして、必ずしも役職や職務上の権限と、職場における影響力は比例していないという事実を理解しておくことが挙げられます。

　役職以上に組織への影響力があるケースとして、たとえば以下のような例があります。これは個人の力、関係性の力と結局は関係してきます。

・昔からのベテラン社員が、役付きでもないのに社内事情に通じており、皆から一目置かれている

・管理職よりも、ある技能を持つ職人的社員のいうことを皆が聞く

・サポートスタッフが、一人ひとりの影響力は小さいものの、

集団となると非常に大きな発言力を持つ

　マーケティングの分野ではDMU（購買意思決定者：Decision Making Unit）という言葉があります。誰が購買上、実質的に大きな影響力を持つかということです。車であれば若いユーザー本人よりも親が実質的なDMUであるといったイメージです。

　社内マーケティング、つまり新しいアイデアや企画を売り込むべく社内に味方をつくり、説得する上でも、誰が「社内の実質的なDMU」あるいは「DMUに影響を与えられる人」なのかを正確に見きわめ、彼らと良好な関係を構築することが仕事を生産的に進める鍵となるのです。

キーワード
ネットワーキング、DMU、社内マーケティング

Basic

074 「貸し→お返し」の順番を意識する

まずは与えよ

解説

　人を動かしたりネットワークづくりが苦手な人がやってし
まいがちなことに、いきなり相手に頼みごとをするというこ
とがあります。もちろん、相手にとって明確なメリットがあ
れば、それも受け入れられる可能性は高いのですが、いつも
そうとは限りません。多少は無理を聞いてほしい場面もある
でしょう。

　そうした際に役に立つのが、「影響力の武器」という、無
意識に人が動いてしまう要素の中でも最強といわれる返報性
をうまく活用することです。

　返報性とは、相手に貸しをつくっておくと、相手は「向こ
うに借りがある」という状態を心理的負担に感じるため、お
願いを聞いてもらいやすくなるという心理的バイアスです。

　貸しをつくる方法には大きく2つあります。1つは、相手

のちょっとした頼みごとに対して日頃から応じておくことです。「代理で顧客対応をしてほしい」などといった依頼です。

自分が何か大きな仕事をしたいならば、キーパーソンとなるであろう人からの頼みごとは聞いておくと、貸しをつくることになりますので、いざという時に武器になります。

もう1つは、**自ら積極的に何かを与えること**です。これは組織で働く人間であれば、後輩や同僚などに対して行うと効果的です。

わからないことがあったら相談に乗る、スキル開発などにつながりやすい仕事を依頼するということをしておくと、彼らは「借りがある」という意識を持ちやすくなり、頼みごとをしやすくなります。

自分が主導して成功した仕事の手柄を相手に与える、あるいは、実際の貢献以上に相手に貢献があったように周りに宣言するという手法を使う人もいます。かつて、「汗は自分でかきましょう。手柄は人にあげましょう」といった首相経験者がいましたが、この手法も効果的です。

相手にもよりますが、ちょっとした声かけをするだけでも、「自分のことを気にかけてくれている」と恩義を感じる人もいます。筆者自身も、自分の過去の何気ない行動が思いもよらぬところで報われた経験を多数持っています。

「借りがあるから返す」ではなく、「貸しがあるから返してもらいやすくなる」という順番を意識しましょう。

キーワード
影響力の武器、返報性

Basic

075　好意獲得の鍵は共通点

3つ以上の
共通点を探せ

解説

　影響力の武器の1つに「好意」があります。たとえば営業の世界では、「人は、もし費用も効果も同じなら、友人から買う」という言い習わしがあります。

　好意を持つ人間の依頼には気前よく応える一方で、そうでない人間の依頼には冷たくするというのは人間のきわめて自然な感情なのです。

　これは日常のビジネスで人を動かす際にも非常に大きく効いてきます。なるべく多くの人に好意を持ってもらうことが、仕事を依頼したり、何かの際に助けてもらう上で有効です。

　好意を得るケースには多数のものがあります。

　ここでは、容姿など自分では変えにくいものは除き、効果的な割に、意外と活用されていない「自分と相手の間の共通点」について説明します。

Chapter
8

やり抜く

仕組み化

人に任せる

アイデアとビジネス

学び続ける

　通常、人間は自分と類似の属性を持つ人間には甘くなりがちです。たとえば、同じ県出身で、趣味やひいきのスポーツチームが同じなら、一気に距離感は縮まるでしょう。一般には、4つ、5つの共通項が見つかれば、話にも困らないし、相手を友人と見なすといわれています。優秀な営業担当者などは、雑談の間にうまく質問をすることでそうした共通項を見つけるものです。

　場合によっては、こうした共通点を持つネットワークを部門横断的に社内につくってしまうという方法もあります。具体的には、同じ出身地の集まりの会や、関東地方における「阪神タイガース友の会」のようなものです。

　これは特に組織間の垣根が高くなり、サイロ化（タコツボ化）が進みがちな大企業において、社内の情報収集にも役立ちますし、いざという時に人を紹介してもらえるなどの効用ももたらします。

　また、**人間には接触回数が増えると好意が増すという傾向もあります（単純接触効果）**。年に数回でもいいので、こうした会において、飲み会の場などをつくると、各人の距離も近づきますし、感謝されることも多いものです。

　なお、大学同窓の社内の会などは、すでにそうしたものがある会社の場合、それほど抵抗感がないものですが、そうした文化のない企業でいきなり明示的につくると、組織文化を乱すことにもなります。まずは、自分の会社の文化や価値観を理解しておくことが大事です。

キーワード
好意、部門横断、サイロ化、単純接触効果

Basic

076　いまの力ではなく、
将来の力を推し量り関係構築する

先物買いせよ

解説

　ネットワーキングをする際にやってしまいがちなミスは、現在力を持っている人とのみ関係性を強めようとすることです。もちろん、それは大事なことではあるのですが、十分ではありません。

　年上年下問わず、伸びる人材と関係構築することが、5年後、10年後に向けて自分の影響力を伸長させることにつながる点も意識したいものです。

　5年後というと気長な話にも思われますが、忙しいビジネス環境の中ではあっという間です。

　特に、組織で働く人にとっては、優秀な後輩に対しては往々にして嫉妬の気持ちが湧くものです。しかしいつ、彼／彼女が自分の上司になるかもわからない時代です。

　中途半端なプライドは捨て、彼らを大事にする、場合によっ

Chapter
8
〇

やり抜く

仕組み化

人に任せる

アイデアとビジネス

学び続ける

てはメンター（助言者、アドバイザー）を買って出るくらい
のことが、長い目で見てリターンをもたらします。

なお、「先物買い」は推奨されるものの、経営環境が大き
く変わる中、誰が5年後、10年後のキーパーソンになって
いるのかを見きわめるのが難しいという問題はあります。

高度成長期のように見通しがよく（基本的に欧米を模範と
していればよかった）、なおかつ人材の流動性も低い時代で
あればそれも比較的容易だったかもしれません。

しかし、日本がある意味で世界の先端に立ち、かつこれだ
け見通しの悪い今は、「決め打ち」は危険を伴います。

目をかけていた有望株の後輩が転職する、あるいは慕って
いた先輩がヘッドハントで引き抜かれたり自ら起業するとい
うことは、これからはより普通に起こるでしょう。

仮に彼らが社外の人となったとしても、優秀なビジネス
パーソンとの関係性があることは大事ですが、やはり社内で
の影響力を高めることが、いい仕事をする上でまずは重要な
のは間違いありません。

だからこそ、さまざまな要素（年齢、スキル、キャリアの
志向性等）についてバランスのいい人脈のポートフォリオ（組
み合わせ）を持っておくことが強く望まれるのです。

キーワード
メンター、人材の流動性、ポートフォリオ

アイデアを生み、
ビジネスをつくる

ベンチャー戦略、
クリエイティブ・シンキング、
マーケティング

ゼロから1を生み出し、
100にするきっかけをつくる

本 Chapter では、新しいアイデアや価値あるビジネスを生み出すことについて述べます。

MBA では特にベンチャー系のクラスで学ぶ事柄です。また、そうしたアイデアやビジネスの開発には通常、クリエイティブな思考が必要となります。

これは分析などの作業で活躍する論理思考以上に難しいものです。それゆえ「クリエイティビティ」「クリエイティブ・シンキング」などのクラスで創造的に考えるヒントを得ることがきわめて重要になります。

よくある錯覚は、事業開発や製品・サービス開発、あるいは新しい付加価値の創出は、一部の事業開発部門や製品開発部門のみに任された仕事だというものです。しかしそんなことはありません。

最終的には社内でバトンタッチされることがあるにせよ、そのアイデアを考えたり小規模で実験する、あるいは、ある程度の規模にまで育てるというのは、誰もが十分に関与したり貢献しうる仕事です。

むしろ、近年、多くの新事業は、若手主導で始まることが少なくありません。若手にとっても大いに活躍しうる場といえるでしょう。

ところで、なぜ新しいアイデアやビジネスをつくる必要が

Chapter
9
🔽

やり抜く

仕組み化

人に任せる

アイデアとビジネス

学び続ける

あるのでしょうか。それは、昨今のビジネス環境の中では、長年にわたってライバルを退けキャッシュを生み続けられるような強い事業はまれであり、多くの事業は短い期間で消えてしまうことが多いからです。

それゆえ、次世代の事業の種をまき続け、1つの事業が衰退し始めても、次の事業が立ち上がりつつあるというダイナミズムをつくることが求められるのです。

その際、次に立ち上がる事業が大きく、かつ長続きする可能性が高いに越したことはありません。それが組織全体の生産性や生存確率を高めることにもつながるからです。

逆に、先行きがない事業で業務を効率化したとしても、それは間違った方向への努力であり、組織の生産性向上にはつながりません。

経済学の分野では、**生産性は単なる効率化を指すのではなく、金銭的な付加価値をどれだけ少ないリソースであげたかに**着目します。

本 Chapter では、新しい事業を見つけるコツや、その事業が満たすべき要件を踏まえたときにどのような行動をとるべきかを解説します。

また、急激に重要度を増している情報化社会の進展と絡めた新事業創出の注意点についても触れていきます。

いまやこの領域のことを知らずしてビジネスは語れないという意識も持っていただければと思います。

Basic

077　ユニークなアイデアほど
最初は奇異に映る

笑われるような
アイデアこそ
価値がある

解説

　マイクロソフト創業者のビル・ゲイツは、かつてこういい
ました。

「自分が出したアイデアを、少なくとも一回は人に笑われる
ようでなければ独創的な発想をしているとはいえない」

　通常、人から失笑を買うことは恥ずかしいことです。しか
し、既存の延長線上にないようなアイデアを考える際には、
笑われるくらいのアイデアを出すことで場に刺激を与えるこ
とが、新しい価値創造に結びつくことも多いのです。

　たとえば、アイデア出しのためによく行われるブレインス
トーミングには、いくつかの基本ルールがありますが、「自
由奔放」が1つの大事なルールとされています。つまり、奇
抜な考え方、ユニークで斬新なアイデア、一見笑えるような

アイデアを重視するということです。

　ありきたりの案で妥協せず、自分ならではの視点を加味し、「他に案がないか」（Any other ideas?）と粘って考えることも効果的です。

　ユニークなアイデアを考える際には、「**これって誰か笑うような人はいるかな?」などと想像してみる**ことが、かえって効果的なことも多いのです。

ワンモア・アドバイス

　昭和に書かれた、隠れた名ビジネス書に『「バカな」と「なるほど」』（吉原英樹著、PHP研究所より復刻版）があります。
　一見、「ありえない」と思えるアイデアは、競合の模倣を遅らせることにつながるとともに、社内でその他の工夫も促すことで結果として成功に結びつき、「なるほど!」といわれることが多いというものです。
　たとえば、アメリカの百貨店であるノードストロムの「無条件で返品に応じる」（たとえその百貨店で売っていないものでも）という施策は、最初は「利益が減るだけだ」とライバルに思われたはずです。
　しかし、実際には非常識な返品を行う人はごく少数であり（あまりに良識のない人間は実はそんなに多くなかった）、それ以上に「無条件で」としたことで返品対応の時間を削減できました。何より、知名度や顧客満足度の大幅な向上を実現できたのです。「**非合理の合理**」ともいえるでしょう。
　本論で述べた「笑われるくらい」というのは、まさにこの「バカな」と通じる部分が大きいのです。

キーワード
ビル・ゲイツ、Any other ideas?、非合理の合理

Basic

078
ものの見方を変える
基本的なヒントを知っておく

前提、
視点、
組み合わせ

解説

　クリエイティブな発想の生産性を高める思考法の代表に**水平思考**があります。これは 1967 年頃にエドワード・デボノが提唱したもので、現在に至るまで多用され、効果も高いものがあるとされています。

　水平思考にもさまざまなエッセンスがありますが、その中でも重要でよく引用されるのが、①前提を疑う、②視点を変える、③（時には強引に）組み合わせる、の３つです。

　筆者もよく用いており、その効果の高さは実感しています。

　たとえば喫茶店に「漫画を読みたい」というニーズを加味した漫画喫茶は、喫茶店の常識を変え、飲食をメインではなく漫画に付帯するものと位置づけたという意味で当初は斬新でしたが、今では当たり前のものになりました。また、漫画家などの提供者の視点に立つと、漫画好きが集まる場とも見

Chapter
9
⌄

やり抜く

仕組み化

人に任せる

アイデアとビジネス

学び続ける

なせるため、しばしばプロモーションも行われます。

「可愛い動物と触れ合いたい」というニーズと組み合わせた猫カフェなども増えました。これは捨て猫の支援という目的にも使えます。

組み合わせを利用する場合、その対象は、他業界をベンチマークすると効果的ですが、ランダムにあえて強引に組み合わせるという手法もあります。

こうした基本的な視点のずらし方は有効ですので、ぜひ何回か試して感覚をつかんでみましょう。

ワンモア・アドバイス

「常識を疑う」については、いま業界にある規制（自主規制も含む）をいったん忘れて考えることも実務的に有効です。規制は、その気になれば工夫次第で回避したり、行政当局等の関係者との交渉次第で何とかできることも多いからです。

たとえば1000円カットのQBハウスは「洗髪なし」など、それまでの常識をいろいろと打ち破って登場したサービスですが、その他にも、当時、組合の取り決めとしてあった「理髪店は月曜日が休み、美容院は火曜日が休み」という業界の常識を疑い、それを回避することで消費者に支持されたのです。

キーワード
水平思考、前提、視点、ベンチマーク、ずらし、規制

Basic

079

違うバックグラウンドや感性を持つ
人々の視点を活用する

多様性は
イノベーションの母

解説

　どれだけ優秀な人間でも1人の人間の知識や能力には限界がありますから、他人の力をうまく借りることは大事です。ただ、そこで似たようなバックグラウンドの人間ばかりが集まっても、アイデアの多様性は限られてしまいます。

　分子生物学の分野では、若きアメリカ人生物学者のジェームズ・ワトソンと、イギリス人で物理学出身のベテラン研究者フランシス・クリックの組み合わせが、DNAの二重らせん構造という科学史上に残る大発見をもたらしました。

　オックスフォードやケンブリッジといったイギリスのトップ総合大学では、午後のティータイムに学部や学問の垣根を越えてお茶を飲みながら議論する習慣があり、それが学際的な、新しい組み合わせを生み出すといわれています。

　ビジネスでは、アップルが創業初期において、エンジニア

Chapter
9
⌄

やり抜く

仕組み化

人に任せる

アイデアとビジネス

学び続ける

だけではなく、詩人や哲学者などさまざまな分野の専門家を集め、ユニークなアイデアづくりをしました。

近年盛んになっているオープン・イノベーション（外部組織をイノベーション、特に製品開発に巻き込むこと）も、一企業の発想力の限界を超えるという意味で、多様性活用の一環とも見なせます。

一般のビジネスパーソンの方も、ぜひ普段会話しないようなタイプの人々や、事業経済性（コスト低下のメカニズム）が異なる業界の人々と仲間になったり、彼らがどのような考え方をしているのかをチェックしておくとよいでしょう。

海外のユニークな先進事例に触れることも効果的です。日本人はどうしても欧米に意識が向きがちですが、場合によってはむしろ新興国の事例が日本にもフィットするかもしれません。たとえば温暖化が進む昨今、高温多湿のインドやバングラディシュなどで開発されたアパレルなどの工夫（例：なるべく洗わなくてもいい素材など）を日本に持ち込むことが新しいビジネスにつながるかもしれないのです。

多様な人々とのネットワークづくりや情報収集、そこから生まれる視野の広がり、視点の転換が新しい価値を創出する原動力となるのです。

キーワード
多様性（ダイバーシティ）、オープン・イノベーション、事業経済性

Basic

080 現時点でのビジネスを核に
新しい展開領域を構想する

6W2Hを
変えよ

解説

　これはビジネスを広げる基本的な発想の方向性を示すものです。6W2Hは通常の5W1H、すなわち

・When（いつ）
・Where（どこで）
・Who（誰が）
・What（何を）
・Why（なぜ／どのような目的で）
・How（どのように）

　これに、

・Whom（誰に）

Chapter
9
⌄

やり抜く

仕組み化

人に任せる

アイデアとビジネス

学び続ける

図30 アンゾフのマトリクス

	市場浸透	新製品開発
既存	・マーケットシェアの拡大 ・製品使用度の増大 　-使用頻度の増大 　-使用量の増大 　-新用途開発	・新たな属性の追加 ・製品ラインの拡張 ・新技術(新世代)製品の 　導入
新規	新市場開拓 ・地域的拡張 ・新たなセグメントへの 　拡張	(狭義の)多角化 ・市場／製品ともに 　新たな領域への参入 ・新規事業

市場 ／ 製品・サービス ／ 既存 ／ 新規

・How much（いくらで）

を追加したものです。単純ですが、ビジネスを拡大する上で、非常に効果的な発想法です。

このうち、ビジネスで特に重要となるWhom（顧客）とWhat（製品・サービス）について、新しい成長の方向性を示す有名なフレームワークにアンゾフのマトリクスがあります（図30）。これはアメリカの経営学者イゴール・アンゾフが1957年に提唱したものであり、半世紀を超えて今でも用いられています。

このマトリクスでは、図に示したように、製品・サービスと顧客のそれぞれについて、「既存」「新規」のマスを描き、どのような成長の方向性があるかを検討します。

これはどのようなビジネスであっても成長を考える上で応用できるシンプルかつ有効な思考法なので、「うちの製品、

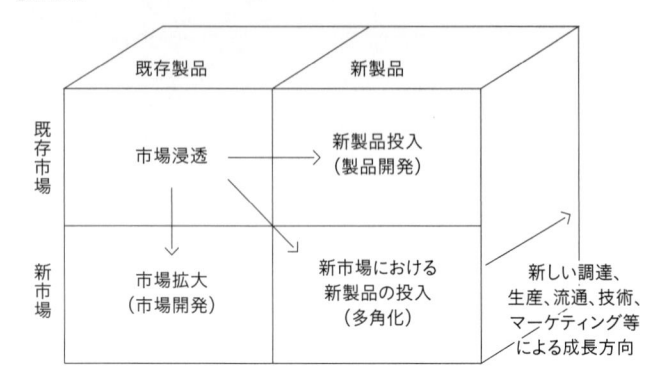

出所：D.A.アーカー『戦略市場経営』ダイヤモンド社、1986年に加筆修正

ちょっと工夫してこんなお客様にも売れないかな」などと考えてみるのは非常に効果的です。

　ブランド論でも著名な経営学者の D.A. アーカーは、アンゾフのマトリクスに、さらに How の軸を加え、立体的な成長の方向性を考える枠組を提唱しました（図31）。

　たとえば近年話題になっている日本酒「獺祭（だっさい）」は、「杜氏がいない」というユニークな製造方法で話題になることの多い美味しい日本酒ですが、販売面でもいち早く世界展開をしたり、E コマースを取り入れることで、多くのファンに新鮮な商品を届けることに成功しました。

　こうした How に関するアイデアは他業界の事例などをベンチマークとすることも容易ですから、それらも活用してどんどんアイデアを考えたいものです。

　アンゾフやアーカーのマトリクスでは若干埋没しがちなWho、When、Where、Why の工夫でビジネスを拡大した

Chapter

9

〇

やり抜く

仕組み化

人に任せる

アイデアとビジネス

学び続ける

例もあります。

　たとえばネットでネイティブのフィリピン人などに学ぶ英会話ビジネスは、How の革新であるとともに、Who を人件費の安いネイティブスピーカーで代替するという意味でも斬新でした。

　いまや当たり前となった 24 時間営業のコンビニや牛丼店などは、ビジネスになりにくいと思われていた深夜の時間帯を開拓することで利便性を高め、業容を伸ばしました（**When の工夫**）。これは病院や公共機関などにも応用すれば、かなりのニーズはあるはずです。

　ケイタリングカーも、不動産の店舗に縛られがちな飲食ビジネスに一石を投じたともいえます（**Where の工夫**）。これも、規制次第ではありますが、美容室をはじめとする他ビジネスにも応用可能かもしれません。

　漫画喫茶はもともと漫画好きがたっぷり漫画を読める、あるいは暇つぶし用に発展しましたが、近年ではシャワー設備をつけるなどすることで簡易宿泊所としてのニーズを満たしたり、カップルの憩いの場としてのニーズも満たしています（**Why の工夫**）。

　ビジネスの現在の 6W2H は、あくまである前提や歴史的経緯でそうなっているにすぎません。それをどの方向に広げられるか、一度立ち止まって考えてみましょう。さまざまなヒントが得られるはずです。

キーワード
アンゾフのマトリクス、D.A. アーカー

Basic

081 顧客に刺さる提供価値を見出せ

CVPは
広さ、深さ、長さで
考えよ

解説

CVP（Customer Value Proposition：顧客提供価値、提供価値）とは、不便が解消されたり情緒的高揚感を得られたりすることによって生じる「顧客にとっての嬉しさ」です。

何か新しいビジネスを検討するにあたっては、キャッシュ創出のポテンシャルや可能性を見きわめるべく、CVPを、①深さ（それだけ金銭的対価が大きくなる）、②広さ（多くの顧客に受け入れられる）、③長さ（長期間にわたって受け入れられる）の3点で考えよということです（図32）。

もう少し細かく順に見ていきましょう。

まず深さについては、結局どのくらいそのニーズが強いかを検討します。

「それがないとどのくらい顧客は困るか」

「それがあることで、どのくらいの便益（時間節約や情緒的

Chapter
9

やり抜く

仕組み化

人に任せる

アイデアとビジネス

学び続ける

図32 CVPを考える視点

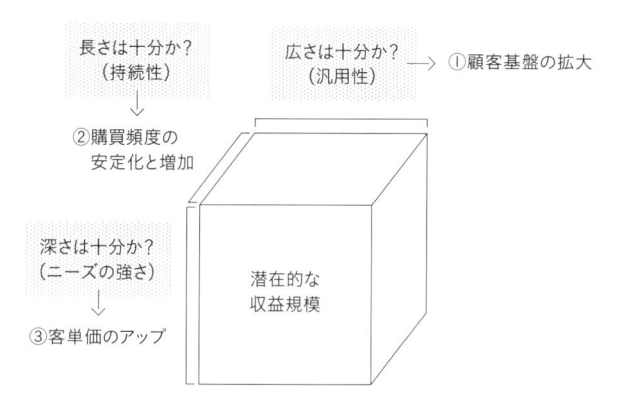

長さは十分か？
（持続性）

広さは十分か？
（汎用性）→ ①顧客基盤の拡大

↓

②購買頻度の
安定化と増加

深さは十分か？
（ニーズの強さ）

↓

③客単価のアップ

潜在的な
収益規模

な高揚感など）が生じるか」

　これらをヒアリングなどを通じて確認します。この時に大事なのは、あくまで顧客視点で考えることです。
「これがあればこのくらい顧客は喜ぶはずだ」ということを自社中心視点のみで考えることは往々にして危険であるということを認識しましょう。

　広さについては、調査資料や、ヒアリングやアンケートの結果なども踏まえ、簡単な試算をしてみます。それに先だって（あるいは同時に）、フェルミ推定（手掛かりとなる数字を元に概算すること）を行うこともあります。
　例として、新事業として保育園ビジネスを考える際には、まず待機児童数を知るとよいでしょう。
　東京都内の場合、待機児童数は現時点でおよそ28万人と

の調査がありますから、都内での保育園ビジネスは大きな「広さ」を持つことがわかります。

　一番判断が難しいのは長さでしょう。現時点では強いニーズを持った製品・サービスであっても、同じニーズを満たす代替財（代替品や代替サービス）によって一気に市場が消えてしまうこともあるからです。

　たとえば昭和中期までオフィスでも必須道具だったソロバンは、児童教育向けには多少残りましたが、ビジネス用品としては完全に電卓やパソコンに代替され、存在価値を失いました。

　旅館というサービスも、一部の有名旅館を除き、ホテルや「民泊」に代替されないとも限りません。

　これを正確に見積もるのは容易ではありませんが、世の中の大きな潮流に敏感になるとともに、投資回収までの期間があまりに長すぎるアイデアは避けるなどが現実的です。

　実際には、CVPの大きさは図32に示したように綺麗な直方体で表すことはできず、デコボコしているものです。

　また、大きなCVPは、当然多くの競合を引き寄せます。

　こうした問題はあるものの、単に「市場性」といった漠とした言葉で考えるのではなく、「顧客にとっての嬉しさ」を分解して考え、どこを工夫して伸ばしうるかを考えることが大切です。

Chapter
9
⌄

やり抜く

仕組み化

人に任せる

アイデアとビジネス

学び続ける

キーワード
顧客提供価値、金銭的対価、フェルミ推定、代替財、投資回収

Basic

082 なくす方がいいものを見つける

捨てることは
増やすこと

解説

　戦略的思考の1つの要素に、残すものと捨てるものを大胆に決めることがあります。

　人間は一般に、すでにあるものや持っているものを捨てることに非常に大きな抵抗を示すものです。しかし、場合によっては大胆に何かを捨てる方が、コストダウンにとどまらないそれ以上の価値をもたらすことが少なくありません。

　たとえばライフネット生命に代表されるネット生命保険会社は、商品を掛け捨ての単純な保険に絞り込み、また人による営業を排すことで、安価に加え、簡便性やわかりやすさ、「営業担当者のしつこいセールスからの回避」という新しい価値を生み出しました。

　皆さんの扱っている商材も、「これをなくした方が、むしろ新しい価値として訴求できるのではないか」という視点で

考えてみるといいでしょう。

ワンモア・アドバイス

　ライバルのいない市場を創り出す「ブルー・オーシャン戦略」では、以下の4つを重視します。特に重要とされるのが、「1. 取り除く」と「4. 付け加える」です。

1. 取り除く
　1）業界常識として製品やサービスに備わっている要素のうち、取り除くべきもの
　2）もはや価値がないにもかかわらず、提供し続けているもの

2. 思い切り減らす
　1）業界標準と比べて、思い切り減らすべき要素
　2）競合他社を意識しすぎているもの

3. 大胆に増やす
　1）業界標準と比べて、思い切り増やすべき要素
　2）顧客に強いてきた不都合を解消するもの

4. 付け加える
　1）業界で提供されていないが、今後付け加えるべき要素
　2）顧客に新しい価値をもたらし、新しい需要を生み出すもの

　本項で示した効果的な「捨てること」に加え、ユニークで顧客にとって意味のある斬新な訴求ポイントを新たに付け加えることができれば、成功の可能性はさらに増します。
　QBハウスであれば、たとえば好立地の利便性や、サービスのバラつきの小ささを新たに付加したともいえるのです。

キーワード
ブルー・オーシャン戦略

Basic

083

時流には逆らうのではなく、
棹さす

メガトレンドに
逆らっては勝てない

解説

　世の中のメガトレンドはいったん形成されれば長期にわたって影響を及ぼすものです。うまくその潮流を発見し、それに乗ることが新しいビジネスを考える上で大事です。

　たとえば日本における少子高齢化や非婚化はなかなか止めにくいトレンドとなっています。この状況下で差別化されていないウェディング関連事業を始めてみても、儲けることはできないでしょう。

　むしろ、少子高齢化や非婚化のトレンドを洞察し、増え続ける「単身世帯」向けの商品開発をしている企業が最近では好業績をあげています。セブン - イレブンの 1 人世帯向けのプライベート・ブランド総菜はその典型です。

　こうしたメガトレンドを整理し、洞察を深める上で有効なフレームワークが PEST や CAGE です。

　PEST は、Politics（政治・規制）、Economy（経済）、Society（社会）、Technology（技術）の頭文字を取ったもので、マクロトレンドを検討する上で非常に有効です。

　一方、CAGE は国ごとの差異（隔たり）を見るフレームワークであり、Cultural（文化的）、Administrative（制度的）、Geographical（地理的）、Economical（経済的）の４つを示しています。これによる分析を、これから存在感を増すことが想定されている国々との間で行うことで、さまざまな示唆が得られるのです。

　これらのフレームワークは、現状把握はもちろん、5 年後、10 年後はどうなっているかという予測情報を集めたりすることで、時間軸を意識しながら行うことが大切です。

　ある程度の波を予測した上でそれに備え、「勝ち馬に乗る」ことが、成長の近道となるのです。

ワンモア・アドバイス

　メガトレンドの中でも比較的読みやすいのは、人口動態です。これはよほどのことがない限りは外れません。

　一方で、それ以外のメガトレンドは必ずしも予測は容易ではありません。

　簡単ではありませんが、短期のトレンドと長中期のトレンドを峻別すること、比較的確実なものと不確実性が高いものを適切に見きわめることが大事です。少なくともそうした差があることは意識しておきましょう。

キーワード
PEST、CAGE、プライベート・ブランド、人口動態、不確実性

Basic

084

「面白い」だけではなく、
商売になるかを考える

お金の匂いに
敏感になれ

解説

　新事業でよくある失敗の1つに、「テーマは面白いけど、結果として市場がなかった」というケースがあります。

　つまりはビジネスになるほどの潜在顧客数や中期的な成長性がなく、マネタイズ（収益化）できないということです。

　これはさらに2つのパターンがあります。根本的に潜在市場が小さいというケースと、本来、市場性はあるけどタイミングが早すぎたというケースです。

　前者の例として、たとえば現在、日本でドイツ語会話教室を開こうとしても、十分なマネタイズは見込みにくいでしょう。ドイツ人ですらグローバルビジネスでは英語を使う時代です。ドイツに赴任する日本人数も3000人以下と多くはありません。今後、機械翻訳が進化することを考えても、大きなビジネスになることは考えにくいでしょう。

Chapter
9
⌄

やり抜く

仕組み化

人に任せる

アイデアとビジネス

学び続ける

　ただ、こうした例は比較的見きわめるのが容易です。

　難しいのは後者の「時代が早すぎた」というケースです。昨今、AIが大ブームで、さらなる市場拡大が見込まれていますが、実はAIブームは今回で3回目です。それまでの2回は、機械の演算速度が遅かったり、他のインフラが揃っていなかったりと、費用対効果が非常に悪く、マネタイズには程遠い状況だったのです。

　こうした事態がよく起こるのは、やはり科学技術関連の分野です。基礎研究が進んでも、同時に必要となるインフラ（電気自動車に対する充電設備など）が未整備では、ビジネスとして成り立ちません。

　一方で最近では、特に情報化が進みつつある領域ではコスト低減は予想外のスピードで進みます。

　たとえば十数年前は数億円単位のコストがかかった人間の遺伝子解読のコストは、最近では1人当たり数万円程度まで下がってきました。血縁鑑定のみならず、遺伝病の防止など、その応用範囲は莫大なものがあるでしょう。

　こうした分野では、**どのタイミングでそのビジネスに関わるかが最重要の課題**となります。まさに「お金の匂い」がし始めるタイミングを感じ取るための情報収集や、それを踏まえての思考投入が必要です。

「ライバルが始めたから」では遅すぎる可能性が大です。

　容易なことではありませんが、どのくらいのコストになったら普及が進むか（あるいは、逆にどのくらい普及が見込めたらどこまでコストが下がるか）の検討や議論が大事です。

　実務的にはアメリカのベンチャー企業の動向をウォッチし

ておくと参考になります。**特に、ビジネスの情報化と関連性の強い分野や、バイオや金融分野などは、概ねアメリカのベンチャーが先頭を走っていることが多いからです。**

　仮に基礎研究そのものでは勝てなくても、アプリケーション（応用）は国ごとに変わってきますから、国内企業にも大きなチャンスはあります。

　加えて、競合や隣接業界のプレーヤーがどのくらい検討を進めているのかを、倫理的に問題のない範囲で情報収集しておくことも効果的です。

ワンモア・アドバイス

　不確実性の高い分野に関しては、人やお金といった経営資源の制約はもちろんありますが、保険代わりに「一応、参入はしておく」という方法もあります。俗にいう「入場券だけは買っておく」という手法です。専門用語では**リアルオプション**と呼ばれる考え方を活用したものです。

　市場が立ち上がればその入場券を元にそのまま走ればいいですし、市場が立ち上がらないようであれば、入場券と最初のいくつかのアトラクション分の金額は損しますが、どこかで撤退するわけです。

　ただ、日本企業は一般に撤退が苦手とされていますから、参入前に撤退基準、言い換えれば「損切りライン（累積損失がそこに達したら止めるライン）」をしっかり定めておく方がいいでしょう。

Chapter
9
⌄

やり抜く

仕組み化

人に任せる

アイデアとビジネス

学び続ける

キーワード
マネタイズ、1人当たりコスト、リアルオプション、撤退基準

Basic

085 突き抜けて成功するためには
複数の条件を同時に満たす必要がある

情熱、世界一、
経済的リターン

解説

　1990年代から2000年代にかけてのベストセラービジネス書に『ビジョナリーカンパニー2』という書籍がありました。

　その中で紹介されていた成功の条件に図33に示した3つがあります。

　情熱だけがあっても仕方がありませんし、ある程度利益をあげていても（経済的原動力を持っていても）、それだけでは劇的な成功は収めにくい。世界一になれるようなエッジ（尖った部分）があって、初めて「そこそこの成功」ではなく、大きな成功が生まれるというものです。これは直感的にも納得できる部分が大でしょう。これを**針鼠の概念**といいます。

　なお、「情熱」と「経済的リターン」はそのまま日本企業にも転用可能ですが、「世界一」については、『ビジョナリーカンパニー2』の著者がアメリカ人だからという側面が多分

■図33 針鼠の概念と3つの円

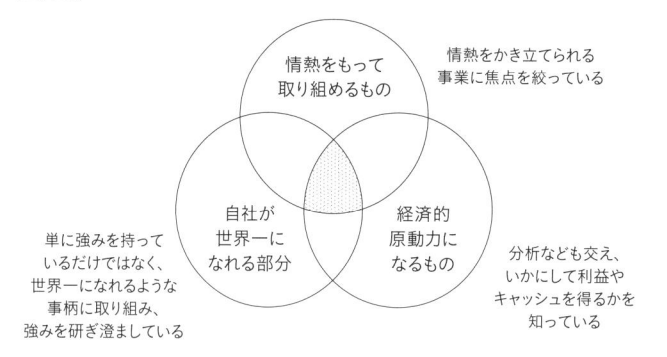

出所:ジェームズ・C・コリンズ『ビジョナリーカンパニー2』
日経BP社、2001年をもとにグロービス作成

にあります。

　日本企業の場合、質的なこと（品質など）はともかく、規模的に「世界一」となるのはやはりアメリカ企業に比べると難しいものです。たとえば日本が世界に誇るスタジオジブリのアニメも、規模的には世界一ではありません。

　日本国内限定の「ガラパゴス化」の罠は意識しつつも、「そもそもどこまで量的な規模が必要か」「どのレベルで事業ドメイン（範囲）を設定することが妥当か」を適切に検討することが、日本企業にとっては現実的な課題となります。

　情熱、世界一、経済的リターンは、職場レベル、あるいは新事業推進チームや個人のレベルに当てはめても概ね成り立ちます。ぜひ自分自身を振り返って、どのくらいこれらを意識し、満たしているかを考えてみましょう。

キーワード
『ビジョナリーカンパニー2』、針鼠の概念、ガラパゴス化、事業ドメイン

Basic

086 隙間市場の成功者で
妥協してはいけない

オンリーワンより
ナンバーワン

解説

　かつて国民的アイドルグループのヒット曲の歌詞の中に
「ナンバーワンにならなくてもいい。オンリーワンでいい」
という趣旨の歌詞がありました。

　個々人の生き方を考えるのであればそれでいいかもしれま
せん。特に恋愛関係の話であれば、オンリーワンで十分とい
う考え方は多くの方にとっては妥当でしょう。

　新事業開発について書いた本などを見ても「局所的オン
リーワン」を目指すことが、新規参入を防いだり、顧客から
の値下げ圧力を低下させる上でも有効であると書かれている
ものは少なくありません。

　筆者自身、別の教科書ではそのように書いたこともありま
す。いわゆるニッチ戦略の戦い方です。

　ただ「局所的オンリーワン」は、聞こえはいいものの、一

Chapter
9

やり抜く

仕組み化

人に任せる

アイデアとビジネス

学び続ける

方で、しばしばニッチ（隙間市場）でまずまずの成功を収め
ればいいと考えてしまうこと、あるいは成長できなくても仕
方ないと考えることの言い訳になる危険性をはらんでいます。

　ビジネスである以上、利益も重要ですが、成長も大事です。
あえて大きな戦いの場でナンバーワンを狙うチャレンジ志向
を最初から持ち続けることもやはり大切なのです。

　そこで目指したいのは、「局所的オンリーワン」ではなく、
ある程度大きな市場におけるナンバーワン、可能ならば圧倒
的ナンバーワンです。

　それがやはり規模の経済性（売上規模が大きくなるほど単
位当たりの製造コストや提供コストが下がること）などにも
効いてきて、大きなリターンをもたらすからです。

　たとえばユニ・チャームは、1963年に多角化事業として
スタートした生理用品事業において（同社はもともとBtoB
の建材メーカー）、2年先行していたアンネをあっという間
に抜き去り、国内市場で圧倒的な地位を築きました。

　後発ですから、当然、最初からオンリーワンではありませ
ん。しかし、「この市場が伸びる」「ライバルに勝てる」と判
断し、一気呵成に経営資源を集中することで、現在に至るま
で続く市場ナンバーワンの地位の基盤をつくったのです。

　競争は可能ならば避けたいものです。戦略は文字通り
「戦を略す」ことが本質という考え方もあります。

　ただ、**必要以上に競争を避けて狭いニッチにこだわったり、
安住しようとしていないかは常に自問しましょう。**

キーワード
局所的オンリーワン、値下げ圧力、ニッチ戦略、規模の経済性、競争回避

Basic

087 ときに顧客を驚かせるインパクトを出せ

顧客の期待を
裏切れ

解説

　マーケティングやサービス・マネジメントの理論では、顧客満足を実現することは、
・口コミ増やリピート率の向上
・顧客1人当たりの単価増大
・他ブランドへのブランドスイッチ（切り替え）の機会低減
　などにつながり、利益率をあげる上で有効とされています。
　では、顧客がどのような時に満足するかというと、基本は、事前の期待値を越えたときです。
　それゆえ、**顧客の期待値をうまくコントロールしつつ、それを微妙に上回っていくことが、効果的な顧客満足実現の方法**とされるのです。
　一方で、常にそれでいいというわけではありません。導入初期やテコ入れが必要と感じた時などは、顧客の期待をいい

意味で裏切り、製品・サービスそのものやプロモーションなどを工夫することで、彼らが驚くくらいのインパクトを与えることを狙うのも、成功のための１つの有効な方法です。

それによって口コミを喚起したり、メディアに取り上げてもらうなどのチャレンジを行うわけです。

たとえば、スターバックスは日本市場参入時、単に美味しいコーヒーや新商品、居心地のいい長椅子などを提供するだけではなく、「全面禁煙」とすることで非常に快適な空間を提供し、彼らが想定した以上に女性から圧倒的な支持を得て、一気に拡大しました。

ちなみに、グーグルには「Google が掲げる 10 の事実」という、筆者も大好きな（広義の）哲学、行動規範があります。そしてその最後の 10 番目は以下です。

「素晴らしいでは足りない」

Great just isn't good enough.

そして実際にグーグルは、顧客の期待をいい意味で裏切り続けることで、創業からわずか 20 年で時価総額世界一を狙えるまでに成長したのです。

「このくらいで顧客は満足するだろう」だけではなく、毎回でなくてもいいので、時には顧客が驚くような価値の創出・提供にチャレンジし、それも交えることがやはり勝ち残る上で必要なのです。

キーワード
顧客満足、ブランドスイッチ、期待値コントロール、Google が掲げる 10 の事実

Basic

088　デジタル時代の戦い方を意識する

すべてのビジネスは
破壊される

解説

　本書でも何カ所かで触れてきましたが、現代はITの急激な進化、そしてモノから情報への主役の変化によってビジネスのあり方が根本的に変わる過渡期です。

　ポイントは**事業経済性（コスト低減のメカニズム）**や事業成功の鍵（KSF：Key Success Factors）が根本的に変わってしまうことです。特に、初期に規模化を実現したプラットフォームが、一定の規模を越えた後はほぼコストゼロでサービスを提供できるという点は非常に重要です。

　この時代の1つの特徴は、業界や産業が一気に破壊（Disruption）されるかもしれないということです。

　たとえばITを活用したライドシェアのUberやLyftの普及は、サンフランシスコなどの都市における既存のタクシー業界を破壊してしまいました。結果、いままで得られていた

Chapter
9
⌄

やり抜く

仕組み化

人に任せる

アイデアとビジネス

学び続ける

提供サイドの利益は減少し、経済的便益はユーザーに移行しました。ドライバーの評判がアプリですぐにわかることもあり、ドライバーの仕事の仕方も激変しました。

こうした動きは特に大企業の人々にとっては脅威とみなされることが多いのですが、一方で、機会でもあります。

たとえばメーカーであれば、立体像を描ける3Dプリンターがさらに劇的に安くなれば、まさに個人にあつらえた製品を極めて安価につくれる可能性もあります。

大量生産は確かに難しくなるかもしれませんが、自社のさまざまなノウハウや知見と組み合わせれば、新規参入者以上の付加価値を提供することは十分に可能なのです。

大企業の人間としては、自分たちのビジネスが破壊されるのを座視するのではなく、むしろ自ら創造的破壊を起こすというメンタリティが必要になってきます。

結局は誰かが既存業界を破壊してしまうのならば、自分でやった方がましという割り切りが大事です。

既存の事業形態を当たり前とみなすのではなく、どのように既存事業を置き換えれば市場において存在意義を持てるかを実行方法とあわせて考えることが求められます。

キーワード
プラットフォーム、（サービスの）ゼロコスト化、KSF、破壊（Disruption）、創造的破壊

学び続ける

キャリアマネジメント、
リーダーシップ

変化に対応しながら
「器」を大きくする

　最終章となる本 Chapter では、個々の仕事とは別に、あらゆるビジネスパーソンにとっての課題である「成長」のためのスキルや心構えについて紹介します。

　これは、MBA の特定科目というより、「キャリアマネジメント」や「キャリアデザイン」と絡む部分が大です。キャリアに対するイメージをある程度持てるからこそ身につけるべきスキルが明確になりますし、逆に、スキルが増すからこそキャリアの選択肢が増えるという側面もあるからです。

　Chapter9 までに紹介した基本とは色合いが異なり、日常業務と個別に切り離すことが難しく、また他のスキルや知識、心構えとの相乗効果も意識しながら、同時並行的に行う必要があります。

　能力向上や成長は、研修などの手法もありますが、結局は仕事をする中で実現するしかありません。それができなければ、結局はリーダーシップも身につきませんし、長期に生産性をあげることもできないのです。

　成長とは、言い方を変えれば「いい方向に変化する」ということです。ダーウィンの進化論を援用すれば、生き残るのは環境に適応できた者だけです。

　そして昨今、環境変化の荒波はますます激しくなっています。昨日と同じ状態にとどまることは退化であり、淘汰され

Chapter
10
⌄

やり抜く

仕組み化

人に任せる

アイデアとビジネス

学び続ける

る可能性を増します。それを自ら選びたいと思う人はいないでしょう。

　成長に、誰かだけが知っている抜け道もなければ、楽な近道もありません。

　自分を正しく認識し内省すること、成長の方向性を正しく見据えること、成長の機会を捉え、そこで結果を出しつつ定着させること、過去にとらわれすぎないこと、人間性を磨くこと、志を常に大きくしていくこと——これらがすべて求められます。

　抜け道や近道がないからこそ、日々の心がけやちょっとした成長のためのスキルを身につけることが累積となって効果をもたらすともいえます。

　これまでに学んだことを活かすためにも、ここで紹介することをしっかり意識し、実行してみてください。

Basic

089 スキルの陳腐化に備える

腐らないスキルを
身につけよ

解説

　本Chapterの冒頭でも触れたように、昨今、スキルや知識の陳腐化はますます速まっています。

　どれだけ苦労して身につけた知識やスキルも、時代にそぐわないものは役には立たないのです。特に専門的知識や会社固有の事情を知っていることなどはその傾向が強いといえます。

　陳腐化が遅いスキルには論理的思考力や対人スキルがあります。ビジネスパーソンの持つべきスキルを示す代表的なモデルであるカッツモデル（図34）でいえば、**コンセプチュアルスキル（物事を概念化して捉える能力）とヒューマンスキル（対人能力）は、テクニカルスキル（業務上必要な知識）よりも腐りにくい**ということです。

　もちろん、厳密にいえばこれらも変化はしています。対人スキルに含まれるコミュニケーション能力は、昨今ITツー

図34 カッツモデル

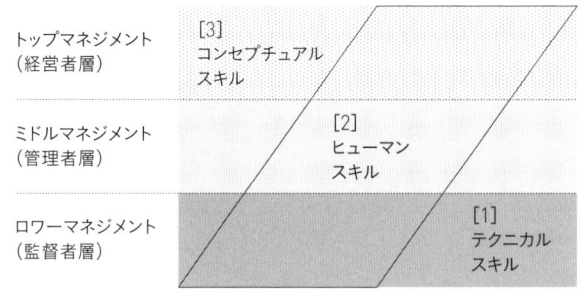

トップマネジメント (経営者層)	[3] コンセプチュアル スキル	
ミドルマネジメント (管理者層)	[2] ヒューマン スキル	
ロワーマネジメント (監督者層)		[1] テクニカル スキル

注)上図はカッツのオリジナルの図であるが、昨今はロワーマネジメント層においても
コンセプチュアルスキルが占める比重は増している

ルの変化に応じた情報発信スキルが求められたりするなど、
以前とは変化しています。

　しかし新しいトレンドを理解し、更新の努力をすることで、
陳腐化を防ぐことはある程度可能なのです。

　もう１つ重要なのは学ぶスキルです。

　学ぶスキルにはさまざまな要素がありますが、多様な情報
ソースから学ぶ習慣をつける、同じ本を何度も読むことで定
着させる、学んだことを文字として言語化し振り返る、など
を意識すると、相対的に成長できる可能性が高まります。

「魚を与えるのではなく、魚の釣り方を教えよ」ということ
わざがあります。知識やスキルそのものを知ること以上に、
その効果的な習得方法を自分なりに見つけていくことが非常
に大事です。

キーワード
陳腐化、コンセプチュアルスキル、ヒューマンスキル、カッツモデル、言語化

Basic

090
学習の自己目的化の罠を避けつつ
「出涸らし状態」を回避する

インプットなくして
アウトプットなし

解説

　仕事のアウトプットばかりを求める上司や顧客がいます。ビジネスですからアウトプットすることは当然なのですが、そればかりでは「出涸らし」の状態になってしまい、追々アウトプットの質や量も落ちてしまいます。

　こうした事態を避ける上で必要となるのは、インプット、つまり勉強の時間を確保することです。これにはいくつか方法論がありますので、典型的なものを4つ紹介しましょう。

①アウトプットとインプットを同時に行う

　最も重要なのはこれでしょう。ビジネスにおける最大の学びの場は日常の仕事ですから、アウトプットだけに意識を向けるのではなく、なるべく自分の学びが大きくなるように自らの業務を設計したり、時には新しいチャレンジも行うなど

の工夫が効果的です。

②学びを意識した対話を行う

　仲間との対話は、個人としての勉強だけではなく、組織全体の知識共有にもつながりますし、誰もが思ってもみなかったアイデアが出ることがあります。業務上の対話の機会を積極的に活用したり、自らつくることも有効です。

③プライベートの趣味の時間などをインプットに活用する

　日常の読書やショッピング経験などを仕事のヒントとすることも有効です。ワークライフバランス以上に**ワークライフインテグレーション（仕事とプライベートを高い次元で統合し、双方を充実させること）**に注目が集まる昨今、両者をトレードオフで考えるのではなく、「仕事でもプライベートでも」と考えることは非常に大事です。

④勉強する時間を確保する

　何曜日のこの時間は勉強の時間として確保するなどと決めてしまい、周りに宣言するのは、自分にいい意味でプレッシャーをかける上でも効果的です。

　なお、「インプットのためのインプット」、つまり学びが自己目的化してしまうことは通常、いい結果をもたらしません。

　そうした自己目的化を避けつつ、アウトプットしながら学びをレベルアップさせる意識を持つことが必要です。

キーワード
ワークライフインテグレーション、自己目的化

091 サバイブできるのは、経済的価値を生み出せる希少人材

希少性は「掛け算」で決まる

解説

　経営戦略のフレームワークに **VRIO** というものがあります。Value（経済的価値）、Rarity（希少性）、Imitability（模倣困難性）、Organization（これらを活用する組織マネジメント能力）の頭文字を取ったもので、企業の経営資源の競争上の有効性を示すものです。

　このフレームワークの最初の3つは個人の能力開発にもほぼそのまま援用できます。つまり、経済的な価値が生み出せ、希少で、他人が真似しにくいほど価値がある人材たりうるということです。ここでは希少性に議論を絞ります。

　希少性を生み出す単純かつ有効な方法は、いくつかの有用なスキルを掛け算的に持つことです。
　たとえば昨今、マーケティング分野における IT の活用は

目を見張るものがあります。しかし、マーケティングのこともよくわかっており、しかもITの先端にもくわしい人材となると一気に希少性があがります。こうした人材はどの企業も喉から手が出るほど欲しい人材のはずですし、実際、そうした人材の少なさが多くの企業の新しいマーケティングの取り組みにおいてボトルネックになっています。

ここにマネジメント能力まで加われば、さらに鬼に金棒といえるでしょう。実際、多くのアメリカの大企業にチーフ・マーケティング・テクノロジスト（CMT）と呼ばれる人材がいるのに対し、日本ではこの役割を果たせる人材はほとんどいない点からも、その希少性がわかります。

今の変化の激しい時代においては、こうしたスキルを可能ならば３つほど持っておくと効果的です。希少性があがるだけではなく、仮に１つが陳腐化したとしてもサバイブできる確率が一気に増すからです。

あるいは、**10人に１人の比較的珍しくないスキルでも、それが４つ重なれば、１万人に１人の人材**となれます。

スキルを磨ける時間には限界があります。どうすれば自分が社会的に求められ、かつ希少性のあるユニークな人材になれるかを、成り行きに任せるのではなく、自分のありたい姿と重ね合わせ、前向きに広角的に考える姿勢が、流動性の高い時代には必須なのです。

キーワード
VRIO、経済的価値、希少性、模倣困難性、CMT

092

正しい自己認識あってこそ
効率よく成長できる

自己認識と
他者の認識のギャップに
ヒントあり

解説

　我々はビジネスパーソンの教育に永く携わってきました。
また、自社の従業員の成長も間近で見てきました。そこで再
確認した1つの傾向が、成長の速い人は自分を等身大にしっ
かり認識しているケースが多いということです。

　とはいうものの、的確な自己認識は必ずしも容易ではあり
ません。

　人間には自己高揚バイアス（能力を実際よりも高めに評価
してしまうバイアス）や自己奉仕バイアス（人の業績やスキ
ルは過小評価する一方で自分のそれを過大評価する、自分の
失敗や欠点は過小評価する一方で他人のそれは過大評価する
傾向）といったバイアスがあり、それらが正確な自己認識を
妨げたりするからです。

　ではどうすれば適切な自己認識が可能となるでしょうか。

ここでは方法論やヒントを３つ紹介します。

①ジョハリの窓を活用する

　ジョハリの窓とは、
「自分が知っている／自分が知らない」
「他者が知っている／他者が知らない」
　の２軸でマトリクスをつくり、複数の人間が相互に典型的な行動特性や資質の要素を入れていくものです（図35）。
　特に意識すべきは、「秘密の窓」に入る要素と「盲点の窓」に入る要素です。これらが多いと、自分と他者で認識ギャップがあるということであり、成長を妨げる原因となります。
　図35でいえば、他者からはコミュニケーションに多少難ありと見えていることに自分は気がついていません。また、自分は多様性も受け入れ、創造性も発揮していると思っているのに、他者からはそう見られていません。後者については、

図35　ジョハリの窓

[ある人の分析結果（簡易版）]

	自分が知っている	自分が知らない
他者が知っている	**解放の窓** ・率先垂範　・顧客志向 ・達成意欲　・成長意欲 ・権限移譲　・外向的 ・自責　　　・公正	**盲点の窓** ・傾聴 ・情報共有 ・相互理解
他者が知らない	・多様性の受容 ・創造性 ・リスクテイク **秘密の窓**	・振り返り **未知の窓**

自己認識が誤っているか、自分の強みを仕事で打ち出せていないということです。

　こうしたことがわかるだけでも大きなヒントが得られます。ネットで無料版を入手することもできるので、機会があれば一度仲間（できれば最低でも4、5人程度）と実施してみるとよいでしょう。

②360度評価を活用する

　もし所属組織の中に360度評価（上司だけではなく、同僚や部下、時には顧客などの評価を相互に行うこと）の仕組みがある人なら、その結果を自分なりにしっかり分析することをおすすめします。

③他人からのフィードバックを虚心坦懐に聞く

　すべての人が正確なフィードバックをくれるわけではありませんが、複数の人間から似たようなコメントがくるというケースは、たいてい的を射ているものです。

　人間は人にいわれた耳の痛いことを「文句」「クレーム」とみなし、自ずと防御態勢を取ってしまいます。

　そうした声を虚心坦懐に聞き、ギフト、すなわち能力開発のための贈り物と考える発想の転換が有効です。逆にいえば、他人の短所などをフィードバックする際には、刺々しい言葉でそれをいうのではなく、「もっとこうするといいかも」などと、ポジティブなトーンで伝える方が、結局はお互いにとっていいということです。

キーワード
自己高揚バイアス、自己奉仕バイアス、ジョハリの窓、360度評価、フィードバック

Basic

093 自らをメタレベルからクールに眺め
自問する

成長は
内省から

解説

　内省は、日常の業務からいったん時間や距離を置き、自分
の仕事のやり方や日頃の言動などを振り返ることを指します。
ビジネス教育ではよく用いられる言葉であり、グロービスで
も強く推奨しています。英語では**リフレクション**(reflection)
と呼びます。

　内省のメリットには以下のようなものがあります。

・ 自分の仕事をより客観的に見ることができ、「こうした方
　がよかったかもしれない」といったポジティブな方向性が
　導ける
・ 自分の仕事の意義や意味合いを再確認できる。その結果、
　モチベーションが湧き、また組織において望まれる行動を
　意識できる

Chapter
10

やり抜く

仕組み化

人に任せる

アイデアとビジネス

学び続ける

　鍵になるのは客観的なものの見方です。ことさら自己否定をする必要はありません。自分をいい方向に変えるためには何が必要かを探るために、自分をメタレベル（一段高い視点）で見たり、他人の眼にはどう映っているだろうかとイマジネーションを働かせることが重要です。

ワンモア・アドバイス

　筆者の同僚に、旧海軍の「五省」を大学院の学生や企業研修の受講生に紹介する人がいます。五省は後にアメリカ軍の担当者が感激し、英訳して広く紹介したことからもわかるように、非常に普遍的な示唆に富む自問集です（図36）。

　参照元のサイトによれば毎日の反省のための自問とのことですが、反省用だけに使うのではもったいないといえます。ビジネスパーソンの内省にもそのまま応用できますので、ぜひ自問リストに付け加えてください。

▌図36　五省

> 一、至誠に悖（もと）るなかりしか
> 　（誠実や真心、人の道に背くところはなかったか）
> 一、言行に恥づるなかりしか
> 　（発言や行動に、過ちや反省するところはなかったか）
> 一、気力に欠くるなかりしか
> 　（物事を成し遂げようとする精神力は、十分であったか）
> 一、努力に憾（うら）みなかりしか
> 　（目的を達成するために、惜しみなく努力したか）
> 一、不精に亘（わた）るなかりしか
> 　（怠けたり、面倒くさがったりしたことはなかったか）

出所：海上自衛隊サイト
http://www.mod.qo.jp/msdf/mocs/mocs/tradition/qosei/index.html

---

キーワード
リフレクション、メタレベル、五省、自問

Basic

094 優秀な人物にこそ徹底的に学ぶ

「下手」に学べば
下手が伝染る

解説

　成長のための手っ取り早い方法に、優秀な人、ロールモデルとなる人から学ぶというやり方があります。

　優秀な人をよく観察し、発言やメールの使い方、時間の使い方といった目に見える部分はもちろん、その裏側にある考え方や判断基準などを同時に洞察することが大事です。

　考え方については、自分で想像がつかない場合は、直接質問してみましょう。これは、観察されている側にも、意識していない気づきを与えたり、暗黙知の形式知化につながったりし、喜ばれることがあります。

　冒頭のフレーズは、職人や芸事などの世界で言い伝えられる言葉であり、対象人物を選ぶことの重要性をややひねった角度から伝えるものです。

　特に、ビギナー時代に変な「型」がついてしまうと、なか

なかそれが取れない場合があります。だからこそ、特に若い
ビジネスパーソンにとっては、観察すべき「上手」となる見
本、ロールモデルを選ぶことが大事です。

　1人のロールモデルからすべてを学ぶ必要はなく、学びた
い事柄ごとに見本を設ける方法もあります。

　少人数の隔離された職場にいるなど、人事組織上、どうし
ようもないこともありますが、ある程度の規模の組織であれ
ば、自助努力で見本を見つけ出せるケースが少なくありませ
ん。

　一方で「反面教師」や「われ以外みなわが師」という言葉
もあります。これらは相反するものではなく、結局、何をど
う学ぶかのスタンスの差といえるでしょう。それも意識して、
効果的に「師」から学びたいものです。

ワンモア・アドバイス

　　ロールモデルに学ぶことをより制度化して、ビジネスに転
　用した手法にシャドウイングがあります。
　　これは、指導役のリーダーに四六時中付き添って、会議へ
　の同席、顧客やパートナー訪問の同行などを行い、彼らの言
　動を観察することで学ぶという手法です。

キーワード
ロールモデル、反面教師、シャドウイング

Basic

095
負荷のない機会からは
学べるものも小さい

修羅場が
人を育てる

解説

　ビジネスパーソン、特にリーダー育成の考え方に、能力開発は「機会 × 機会に学ぶ力」と、その「積み上げ」で決まってくるというものがあります。つまり、①良質の機会を得て、②そこから学ぶ力を高め、③それが適切なインターバルで、低下しないうちに積み重なる

　という三拍子が必要ということです。これらはそれぞれがバラバラに存在しているわけではなく、関連し合いながら相乗効果を発揮します。

　この３つすべてに絡む要素で、能力開発を高めるものに非常にストレッチした課題をこなす体験、卑近な言葉でいえば「修羅場体験」があります。

　たとえば業績が右肩下がりの子会社に出向する、製品リコールなどの危機対応をこなす、大型システム開発のトラブ

Chapter
10
⌄

やり抜く

仕組み化

人に任せる

アイデアとビジネス

学び続ける

ルの解決に当たるなどは、典型的な修羅場体験です。

修羅場体験は、集中的に勉強もしなくてはなりませんから、特定のスキルをあげる上でも効果的ですが、効用はそれだけにとどまりません。

それ以上に重要なのは、通常は変わりにくい価値観を変えたり、昨今重視されるようになってきたレジリエンス（復元力、しなやかに適応して生き延びる力）を高める効果です。

修羅場体験は待っていてもなかなかやってきません。リクルート社の旧・社訓「自ら機会を創り出し、機会によって自らを変えよ」の精神で自ら志願することも時には必要です。

いきなり困難な仕事がこないような職場であれば、地道に結果を出し、信頼の残高（Basic070 参照）を積み上げることが大事です。

ただし、修羅場に飛びこむことのリスクには注意しましょう。過度に身の丈を超えた修羅場は、心身ともに負荷がかかりすぎ、文字通り「つぶれる」こともあるからです。最悪の場合はメンタルヘルスを損ね、生命にも危険がおよびます。「これはまずい」と感じたら、過度に我慢するのではなく、早めに SOS を出すことが必要です。幸い、昨今はウェブ上に簡単なストレスチェックのサイトなどもありますので、それらを適宜活用しましょう。

自分の実力を正しく認識し、適度なストレッチとなる修羅場を判別するバランス感覚が必要です。

キーワード
機会に学ぶ力、レジリエンス、リクルート、メンタルヘルス

Basic

096

過去の知識・スキルを
捨て去る勇気を持つ

学ぶために
忘れよ

解説

　この言葉は比較的昔から言い習わしとして存在していた
ものではあるのですが、21世紀のビジネスシーンにおいて、
学びや成長を考える上で最も重要度が増しているフレーズか
もしれません。

　過去の延長線上にないような、予想を大幅に上回る業界変
動や破壊的イノベーション（通常のニーズの進化を上回り、
市場の大部分を取ってしまうようなイノベーション）が起き
る領域がますます増えているからです。

　それとも絡んで、AI（人工知能）やモノのインターネッ
ト（IoT）などの進化により、勘や経験に頼ってきたノウハ
ウが、どんどん機械化され、コモディティ化するという変化
も見過ごすわけにはいきません。

　企業人事の採用という活動も、十数年もすれば人間が面接

Chapter
10
⌄

やり抜く

仕組み化

人に任せる

アイデアとビジネス

学び続ける

する必要性は最低限にまで切り詰められ、AI 付きロボット が代替するようになるでしょう。人間がすべき仕事そのもの が変わるのは間違いありません。

　本書は未来予測の本ではないので、今後どのようなスキル が必要になるかは具体的に多くは述べませんが、以下にデー タ分析界の第一人者であるトーマス・H・ダベンポートらが 提唱する「AI 時代に人間に残るとされている仕事」について、 『AI 時代の勝者と敗者』（日経 BP 社）を参考にリスト化し ましたので参考にしてください。

①自動システムの上をいく仕事
②機械にできない仕事
③ビジネスと技術をつなぐ仕事
④自動化されない専門的な仕事
⑤新システムを生み出す仕事

　AI の事例はやや縁遠いと感じられる方もいるでしょうか ら、より卑近な事例でも考えてみましょう。
　たとえば筆者の母親世代にとっては以下が乳児育児の常識 でした。

・赤ちゃんにはちみつを飲ませるとよい
・うつぶせ寝は頭の形がよくなるので好ましい
・抱き癖がつくので、泣いてもすぐには抱かない方がいい
・オムツは早めに卒業する方がいい

これらは現代の育児ではすべて否定されています。

　仮に幼児保育のビジネスや仕事をするのであれば、この知識を知っておかないと顧客の期待に応えられませんし、過去の常識にこだわる人は淘汰されます。

　昔の常識を忘れ、新しい常識を学ぶ必要があるのです。通常のビジネスも同様です。

　ただ、忘れることの重要性は頭ではわかっていても、なかなか実行できないものです。

　何がそれを妨げているのでしょうか。

　1つはそこまでに投資した時間へのこだわりです。学生、社会人を通じて多くの時間をかけて習得した知識・スキルの効果が出にくくなったとしても、それを認めるのは辛いものです。

　また、実際に過去のスキルが通じるシーンもあることでしょう。それゆえ、「まだ大丈夫」と変わらないことを合理化してしまい、いつの間にか手遅れになってしまうのです。

　たとえば予備校というビジネスでは、毎回同じことを何人もの講師が教える必要はありません。ベーシックな部分については、最も教え方のうまい人のビデオを受講生に見てもらえればそれで済むのです。

　講師はそれを前提に、質問に応えるなどのことをクラスで行えばいいのですが（反転学習）、そうした変化に全員がついていけるわけではないのです。

　もう1つは自分のパワー（人や組織の行動に影響を与える力）が侵されることへの恐怖心です。自分に専門的な力があるからこそ他人が動いてくれるという側面があり、当然そ

Chapter
10
⌄

やり抜く

仕組み化

人に任せる

アイデアとビジネス

学び続ける

うした力が下がれば、パワーは弱まります。

　それを怖がるあまり、過去のスキルをことさら重視したり強調したりして、捨てることができないのです。

　陳腐化しにくいスキルを確実に身につけ、「旬の短い」スキル・知識や、今後急激に価値が下がることが予想されるスキル・知識は、早めに見かぎり（追加投資はやめ）、新しいことを習得する勇気を持ちたいものです。

ワンモア・アドバイス

　大企業で新事業を起こす際に、それまでの本業の常識（特にベテラン社員の持つ常識）が邪魔をしてしまい、新事業をつぶしてしまうことがあります。

　著名な経営学者のビジャイ・ゴビンダラジャンは、「**忘却・借用・学習**」というフレームワークを提唱し、新事業を育てるには、既存事業の経営資源やノウハウを借用する以前に、まずはそれまでの会社の主要事業の常識や勝ちパターンを忘れ去ることが第一であるとし、その大事さを説いています。そして、物理的に隔離された場所で新事業を実験的に行うことなどを提唱しています。

　企業も個人も、忘れることはそれだけ難しいのです。

　言い換えれば、これは既存のビジネス常識に染まりきっていない若手ビジネスパーソンの活躍の場でもあるといえます。

　経験の少なさをむしろ武器にするといった発想の転換が効果的です。

キーワード
破壊的イノベーション、AI、モノのインターネット（IoT）、合理化、忘却・借用・学習

Basic

097 人間の本質は簡単には変わらない

賢者は歴史にも経験にも学ぶ

解説

「賢者は歴史に学び、愚者は経験に学ぶ」という言葉を残したのは、鉄血宰相と呼ばれた19世紀のドイツの政治家ビスマルクです。

筆者は個人的にこれは間違いだと思っています。歴史に学ぶことは重要ですが、それにしか学ばないことは決して賢明ではありません。真の賢者は両方からバランスよく学ぶというのが筆者の考え方です。

ここでは特に歴史に学ぶことの意義を確認してみましょう。その典型的な効用としては以下があります。

・人間の普遍的な本性を知ることができる
・世の中で起きている出来事の背景を知ることができる
・同じ失敗を避けるヒントを得ることができる

・未来に対する感性や洞察力を高められる

　これらは、自分の経験や身近な先輩、上司の体験談からだけでは絶対に学べません。やはりしっかり歴史と向き合い、人間に対する洞察を深めることは大事なのです。

　なお、「歴史は勝者がつくる」の言葉もある通り、どのような歴史書であっても、その見方には必ず偏りがあります。だからこそ、1つの歴史観にとらわれず、バランスよく国内外の書籍に目を通すことが有効です。

　国にフォーカスしたものと、出来事（事件）や個人にフォーカスしたもののバランスも意識するとよいでしょう。

　歴史に学ぶことは大事ですが、全く同じ歴史が繰り返されることはないという限界も理解しましょう。

　たとえば、人類の繁栄は常に技術開発とともにありました。一時的には抵抗を受けた技術（例：織機、自動車、人工授精など）も結局は受け入れられ、多くの人々に恩恵を与えました。

　しかし、現在取り組まれているゲノム（遺伝子）編集や、シンギュラリティ（人工知能が人間の能力を超えること）に向かって驀進するAIの進化が、過去とは異質の問題を起こさないとは限りません。

　歴史にヒントを得つつも、自分の頭で考え抜く知性こそが最終的には最も大事なのです。

キーワード
シンギュラリティ

Basic

098 教養こそ腐らない究極の素養

教養は
裏切らない

解説

　知識やスキルには大なり小なり流行り廃りがあります。必要に応じてそれらを学ぶことも必要ですが、哲学や歴史、文学、宗教、基礎科学、生命観、美術、伝統文化などからなる教養（リベラル・アーツ）を身につけることも、ビジネスパーソンとして大きな仕事をする上では非常に大切です。

　これらは**「腐らない（腐りにくい）素養」**であり、**普遍性の高い価値基準、判断基準を持てるようになったり、多面的に物事を見られるようになる**などのさまざまな効用が期待できます。

　教養を身につける上でのハードルに、定着させにくいことと、ビジネス上の即効性が弱いことがあります。目の前の仕事に追われがちな忙しいビジネスパーソンにとっては、どうしても他の知識やスキル習得よりも後回しになってしまうのも、ある意味仕方がありません。

　教養を身につける楽な近道はありません。まずは入口に立つためのヒントとして、

・歴史の風雪に耐えてきた良書を読む
　（『ソクラテスの弁明』『聖書』『君主論』『方法序説』『プロテスタンティズムの倫理と資本主義の精神』『正義論』『夜と霧』など）
・仲間と哲学や歴史、文学などについて議論する
・美しいと感じるものに触れ、なぜそう感じたのかを簡単に言語化してみる

　などをおすすめします。慣れてきたら自ずと好奇心が刺激され拡大していきますので、まずはきっかけを探すことに意識を向けると効果的です。

ワンモア・アドバイス

　筆者はコンサルティングファームのトップや経営陣とお話しする機会がしばしばありますが、彼らが一様にいうのは、**「客観性や論理で勝負するには限界がある。最後に差がつくのはよき主観」**ということです。
　客観的事実や論理性はしっかり押さえた上で、それを超越した「よき主観」こそが他人の決断を促し、やる気にさせるというのは大事なポイントです。
　そしてそこで重要な意味を持ってくるのが教養である、という点は知っておくべきでしょう。

キーワード
リベラル・アーツ、価値基準

Basic

099　共感の時代だからこそ
感受性を高めることが不可欠

感受性に
投資せよ

解説

　感受性はさまざまな意味を持つ言葉ですが、ここでは、

「美しさ、本質的に善いものに敏感で、それらを見出す力」

「相手に共感したり、感情移入できる力」

　といった意味合いを想定します。

　感受性も教養と同様、「腐らない (腐りにくい) 素養」であり、いったん身につけると非常に大きな武器になります。

　その効用は教養と重なる部分が大ですが、ビジネスにつながりやすい独自のものを挙げると、以下のようなものがあります。

・顧客をはじめとするステークホルダーに共感しやすくなる

・理詰めだけでは出てこないアイデアを出せることで、差別化できる

・誰かを説得をする際に、相手の立場に立って物事を考えられる
・自分の感情を伝播させやすくなる

　これは説得やマーケティングなど、さまざまな場面で役に立ちますが、特に最近注目を浴びているデザイン思考も大きな武器になります。

　デザイン思考とはデザイナー的なセンスや手法を用いてユーザーニーズと技術、ビジネスを融合させて製品開発や事業開発をするという考え方であり、アップルやIDEO、ダイソンなどが得意にしています。

　そして、デザイン思考の第一歩が消費者への共感であり、そこに感受性が大きく寄与するのです。

　感受性を磨く具体的な方法として、以下がよく提唱されています。ぜひ意識してみましょう。

・情動を揺さぶるもの（映画や小説など）に時間を使う
・美しいもの、素敵なもの（芸術など）への接触を増やす
・さまざまな場所を旅行する
・あえて五感の1つ（特に視覚）に制約をかけて行動することで、他の感覚を磨く（例：ダイアローグ・イン・ザ・ダーク＝暗闇の中で仲間と共同作業をするセッション）
・感受性の高い人と深く触れあう

キーワード
デザイン思考、IDEO、共感

Basic

100

心と向き合い「小志」を積み重ねることで
答えを探し続ける

志を育てる

解説

グロービスは、「志のMBA」という言葉を使うことがあります。これは、単に経営の知識を学ぶだけではなく、「志」があってこそ世の中にインパクトを残せるような仕事ができるといった意味合いを含みます。

志は成長に向けて自らをドライブする原動力でもあります。

では、どうすれば志を見出していけるのでしょうか。

志というと非常に壮大なものを思い浮かべられる方も多いでしょう。

たとえばグーグルのミッションであり、創業者のラリー・ペイジとセルゲイ・ブリンの志ともいえるのは「世界中の情報を整理し、世界中の人々がアクセスできて使えるようにする」ということです。

実際にグーグルはこの目標に向かって邁進しており、志を

Chapter
10
❤

やり抜く

仕組み化

人に任せる

アイデアとビジネス

学び続ける

同じくする優秀な人々を多数採用することに成功しています。

　ただ、特に若いビジネスパーソンにとっては、最初からこのような大きな志を持つことは必ずしも容易ではありません。多くの人にとって身近な志の醸成サイクルの前提として、志には２種類のものがあるということをまずは理解する必要があります。

　小志：一定期間、人生をかけてコミットする目標
　大志：一生涯を通じて達成しようとするもの

　いきなり大志を見つけるのは難しいですが、小志の実現を積み重ねていく中で、大志に気づくというパターンは、取り組みやすいですし、実際にもそうして結果を残されたビジネスパーソンがグロービスの調査結果でも実は多かったのです。
　それをイメージ化したのが図37です。

▌図37 志が回るサイクルのイメージ

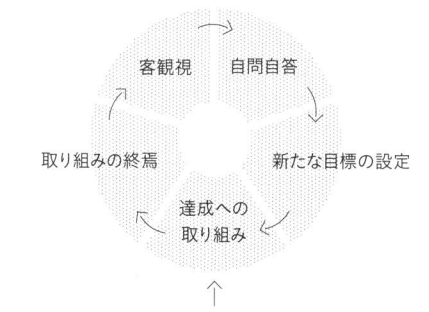

出所:グロービス経営大学院『志を育てる』東洋経済新報社、2011年

図 37 のプロセスはそれぞれ以下の意味合いがあります。

①あるきっかけで目標を持つ：人生で最初の目標を設定する（あるいは設定される）
②達成への取り組み：新たに見出した目標の達成に向けて実行を進める
③取り組みの終焉：目標の達成に限らず、挫折も含めてその取り組みがいったん終わる
④客観視：それまでの目標の位置づけや取り組みなどを一定の距離を持って客観的に見直す
⑤自問自答：その目標が何を意味し、自分が本当にしたかったことは何かを問いかけ、答えを探す
⑥新たなる目標の設定：自身の価値観やスキル、実行可能性、リスクなどを踏まえ、新たな目標（志）を見出す

　時間の長短やサイクルが回り、志が育っていく程度は千差万別ですが、内省や自問自答を通じて志を高め続けることが大事です。

　また、社会性（社会的な視点から利他的に考えること）も取り入れたときに、志は大きく育ち、多くの人々を引き寄せることが示唆されています。

　食品会社の人であれば、最初は自分の担当する製品を売りたいということがスタートだったものが、いつの間にか「世界中に安全で美味しい日本の食を安価に提供し、幸福感を味わってほしい」と成長していくイメージです。

　個人的な思いからスタートしてもいいのですが、いつまで

もそれが中心では多くの人は巻き込めないということです。これは多くの方の実感値とも合うのではないでしょうか。

　まずは最初あるいは2番目の小さなサイクルをしっかり回すことを意識してみてください。

ワンモア・アドバイス

　キャリア論の1つに、プランド・ハプタンス・セオリーがあります。これは、成功したビジネスパーソンの8割程度は、予期せぬ出来事や人との出会いという偶然によってキャリアが好転したというものです。

　ただ、その偶然は全くの偶然ではないという点がポイントです。通常、その偶然に見える出来事には自分に起因する要因が存在します。そしてそれを、本人の努力によって、新たなキャリアの機会にすることができるのです。

　事実、筆者が多くの成功したビジネスパーソンと話していてよくいわれるのは以下のようなことです。

「目の前の仕事に真面目に取り組んで結果を残せば、それは自分の周りの人達だけではなく、意外な人（例：直接仕事をしたことのない社内の有力者や取引先のVIP）の耳に触れたり、目にも入っている」

「一見、地味な裏方仕事でも、正しい手順を踏んでいれば、それを見ている人はしっかり評価してくれる」

　小志を着実に実現していくことが、大志の実現につながる理由はこんなところにもあるのです。

キーワード
ラリー・ペイジ、セルゲイ・ブリン、社会性、プランド・ハプタンス・セオリー

MBA キーワード一覧

参考図書

Chapter1　マインドセット
『グロービス MBA クリティカル・シンキング』（グロービス経営大学院著、ダイヤモンド社）
『ビジネス仮説力の磨き方』（グロービス著、ダイヤモンド社）
『コンサル一年目が学ぶこと』（大石哲之著、ディスカヴァー・トゥエンティワン）

Chapter2　情報収集・データ分析
『グロービス MBA クリティカル・シンキング』（グロービス経営大学院著、ダイヤモンド社）
『見える化──強い企業をつくる「見える」仕組み』（遠藤功著、東洋経済新報社）
『グロービス MBA キーワード　図解 基本ビジネス分析ツール 50』（グロービス著、ダイヤモンド社）
『問題解決プロフェッショナル』（齋藤嘉則著、ダイヤモンド社）
『定量分析の教科書』（グロービス著、東洋経済新報社）

Chapter3　意思決定
『グロービス MBA クリティカル・シンキング　コミュニケーション編』（グロービス経営大学院著、ダイヤモンド社）
『グロービス MBA キーワード　図解 ビジネスの基礎知識 50』（グロービス著、ダイヤモンド社）
『ファスト＆スロー（上）（下）』（ダニエル・カーネマン著、早川書房）
『バイアス』（グロービス経営大学院著、グロービス電子出版）

Chapter4　伝える
『異文化理解力』（エリン・メイヤー著、英治出版）
『グロービス MBA ビジネス・ライティング』（グロービス経営大学院著、ダイヤモンド社）

Chapter5　PDCA を回す
『経営は「実行」──明日から結果を出すための鉄則』（ラリー・ボシディ、ラム・チャラン他著、日本経済新聞社）
『エマソン妥協なき経営──44 年連続増収を可能にした PDCA の徹底』（チャールズ・F・ナイト、ディヴィス・ダイヤー著、ダイヤモンド社）

Chapter6　やり抜く
『組織行動のマネジメント──入門から実践へ』（スティーブン・P・ロビンス著、ダイヤモンド社）
『新しいリーダーシップ──集団指導の行動科学』（三隅二不二著、ダイヤモンド社）
『やり抜く力』（アンジェラ・ダックワース著、ダイヤモンド社）
『GRIT 平凡でも一流になれる「やり抜く力」』（リンダ・キャプラン・セイラー、ロビン・コヴァル著、日経 BP 社）

Chapter7　仕組み化
『国民のための経済原論 I』（小室直樹著、カッパビジネス）
『ザ・ゴール』（エリヤフ・ゴールドラット著、ダイヤモンド社）

『いちばんやさしいグロースハックの教本——人気講師が教える急成長マーケティング戦略』
　　（金山裕樹、梶谷健人著、インプレス）

Chapter8　人に任せる
『グロービス MBA リーダーシップ』（グロービス経営大学院著、ダイヤモンド社）
『社内を動かす力』（グロービス著、ダイヤモンド社）
『悪いヤツほど出世する』（ジェフリー・フェファー著、日本経済新聞出版社）
『影響力の武器——なぜ、人は動かされるのか［第三版］』（ロバート・B・チャルディーニ著、
　　誠信書房）
『グロービス MBA キーワード　図解 基本フレームワーク 50』（グロービス著、ダイヤモンド社）

Chapter9　アイデアを生み、ビジネスをつくる
『水平思考の世界』（エドワード・デボノ著、きこ書房）
『グロービス MBA マネジメント・ブック』（グロービス経営大学院編著、ダイヤモンド社）
『ブルー・オーシャン戦略——競争のない世界を創造する』（W・チャン・キム、レネ・モボルニュ
　　著、ダイヤモンド社）
『ビジョナリーカンパニー 2——飛躍の法則』（ジェームズ・C・コリンズ著、日経 BP 社）

Chapter10　学び続ける
『グロービス MBA リーダーシップ』（グロービス経営大学院著、ダイヤモンド社）
『AI 時代の勝者と敗者』（トーマス・H・ダベンポート、ジュリア・カービー著、日経 BP 社）
『ストラテジック・イノベーション——戦略的イノベーターに捧げる 10 の提言』（ビジャイ・ゴ
　　ビンダラジャン、クリス・トリンブル著、翔泳社）
『志を育てる』（グロービス経営大学院著、東洋経済新報社）
『グロービス流 キャリアをつくる技術と戦略』（グロービス経営大学院著、東洋経済新報社）

［著者紹介］

グロービス

1992 年の設立来、「経営に関する『ヒト』『カネ』『チエ』の生態系を創り、社会の創造と変革を行う」ことをビジョンに掲げ、各種事業を展開している。グロービスには以下の事業がある。（http://www.globis.co.jp/）

- グロービス経営大学院
  ・日本語（東京、大阪、名古屋、仙台、福岡、オンライン）
  ・英語（東京、オンライン）
- グロービス・マネジメント・スクール
- グロービス・コーポレート・エデュケーション
  （法人向け人材育成サービス／日本・上海・シンガポール・タイ）
- グロービス・キャピタル・パートナーズ（ベンチャーキャピタル事業）
- グロービス出版（出版／電子出版事業）
- GLOBIS 知見録／GLOBIS Insights（オウンドメディア、スマホアプリ）

その他の事業：
- 一般社団法人 G1（カンファレンス運営）
- 一般財団法人 KIBOW（震災復興支援活動、社会的インパクト投資）

［執筆者紹介］

嶋田毅 （しまだ・つよし）

グロービス出版局長、グロービス経営大学院教授。

東京大学理学部卒業、同大学院理学系研究科修士課程修了。戦略系コンサルティングファーム、外資系メーカーを経てグロービスに入社。著書に『MBA 100 の基本』『利益思考』（東洋経済新報社）、『グロービス MBA キーワード図解 基本ビジネス思考法 45』『グロービス MBA キーワード図解 基本ビジネス分析ツール 50』（ダイヤモンド社）、『ビジネスで騙されないための論理思考』『［実況］ロジカルシンキング教室』（PHP 研究所）、『ロジカルシンキングの落とし穴』『バイアス』（以上グロービス電子出版）他、多数の著書共著書、共訳書がある。

MBA 生産性をあげる100の基本

2017 年 12 月 14 日　　第 1 刷発行
2017 年 12 月 18 日　　第 2 刷発行

著　者──グロービス
執筆者──嶋田　毅
発行者──山縣裕一郎
発行所──東洋経済新報社
　　　　　〒 103-8345　東京都中央区日本橋本石町 1-2-1
　　　　　電話 = 東洋経済コールセンター　03(5605)7021
　　　　　http://toyokeizai.net/

装　丁………………遠藤陽一 (ワークショップジン)
本文デザイン・DTP……高橋明香 (おかっぱ製作所)
印　刷………………図書印刷
編集担当……………宮崎奈津子
©2017 Graduate School of Management,GLOBIS University
Printed in Japan　　ISBN 978-4-492-04620-3